AF403661

MEMOIRES

POUR SERVIR 'A
L'HISTOIRE
DE NOTRE TEMS,

Contenants des

REFLECTIO...
POLITIQUES
SUR LA
GUERRE PRESENTE.
PAR
L'OBSERVATEUR HOLLANDOIS,

REDIGEZ ET AUGMENTE PAR M. D. V

VOL. II.

A FRANCFORT ET LEIPSIG
AUX DEPENS DE LA COMPAGNIE.
MDCCLIX.

MEMOIRES
POUR SERVIR 'A
L'HISTOIRE
DE NOTRE TEMS.

I.

REFLEXIONS SUR QUELQUES GAZETTES, ET SUR LE PRETENDU DANGER QUE COURT LA RELIGION PROTESTANTE EN ALLEMAGNE.

J'ALLOIS continuer mon histoire : mais les Gazetiers me forcent de l'interrompre. Je suis impatienté par la multitude de pitoyables imputations que je trouve insérées dans leurs feuilles : je crois qu'ils sont de bonne foi, & je-sai qu'ils se piquent d'impartialité ; je n'exige point qu'ils examinent d'où leur viennent les relations qui leur sont adressées. *Tros Rutulusve fuit nullo discrimine habebo* ; mais je voudrois du moins qu'ils prissent la liberté d'examiner, si ce qu'on leur envoie a le sens commun, & qu'ils rejetassent la calomnie lorsqu'elle est absurde.

Des

Des Auteurs qui, sous la protection d'un Etat, jouissent de la liberté d'écrire & de distribuer leurs productions, devroient, à ce que je crois, prendre l'esprit du gouvernement qui les autorise, & se ressentir du caractère de la Nation à laquelle principalement ils doivent chercher à plaire. Que les Ecrivains Anglois trempent leur plume dans le fiel ou la traînent dans la boue ; que leurs satyres toujours amères & souvent indécentes, essaient sur le ministére Britannique lui-même les traits injurieux qu'ils lancent ensuite contre les Etats peu disposés à favoriser son ambition ; qu'un Philosophe de Berlin compose des traités pour prouver que le droit de la guerre est de n'en reconnoître aucun ; le Gouvernement partage la faute du Dissertateur, & l'on en peut imputer une partie au génie du peuple pour lequel il écrit. Mais qu'en Hollande, où le Gouvernement est juste & modéré, les écrivains se prêtent au fanatisme, & que dans un païs où l'on prend des résolutions sages, on se permette des déclamations insensées ; ce contraste me choque, & si j'étois en humeur de quereller, j'en demanderois raison.

Que l'on me dise, par exemple, ce que signifie ce tocsin que le Gazetier d'Utrecht a sonné il y a quelque tems sur le prétendu danger que court la Religion Protestante en Allemagne, sur les avanies qu'essuient ses Ministres, & sur la persecution qui ménace les Evangeliques.

On

On sçait, comme moi, d'où partent ces imputations. C'est à Berlin que se composent ces déclamations touchantes, où l'on peint un Ministre respectable, courbé sous le faix des ans, & obligé de prêter son dos pour servir de marchepied à un jeune officier François. C'est dans les rues de Londres que l'on a recueilli cette épithete si décente de *chiens d'Hérétiques*, par laquelle on prétend que les soldats de S. M. T. C. désignent les sujets des Puissances dont les Etats sont malheureusement aujourd'hui le siége de la guerre. A ce noble langage le Gazetier d'U-trecht auroit pû reconnoître les cris de cette populace grossiere, dont les beaux esprits Anglois ont plus d'une fois emprunté le stile.

Ces Messieurs ont raison: ce nest pas sur les esprits sensés qu'ils se flattent de faire quelque impression. C'est la multitude qu'ils veulent échaufer, & ils croient qu'elle ressemble par tout à celle qu'ils ont sous les yeux. A Londres on met le peuple en fureur en lui montrant un *chien de François*, & c'est pour rendre ce *chien de François* odieux en Allemagne, qu'ils crient à tous les Protestans: „ Vengez-vous de ces gens-là; ils vous ont appellés *chiens d'Hé-* „ *rétiques.*

Laissons là, les criailleries des Anglois, & gardons-nous d'imaginer, comme eux, que les Allemands puissent être trompés par des impostures si mal-honnêtes. Le Roi de Prusse s'y prend beaucoup mieux: il ne se contente pas

 de

de dire, comme S. M. Br. *qu'il a fort à cœur le maintien de la Religion Proteſtante, & que c'eſt pour remplir efficacement cet objet, qu'il veut demeurer attaché à ſes Alliés* (*a*). Il intrigue dans toutes les Cours, il y entretient des Emiſſaires chargés de prêter à la France & à la maiſon d'Autriche les projets les plus odieux. Il compte peu ſur l'hiſtoire du Miniſtre devenu marchepied: ces contes ridicules ne ſont faits que pour la populace, & ce ſont les Princes, ce ſont les hommes d'Etat qu'il s'agit de perſuader. C'eſt auprès d'eux, c'eſt à Ratisbonne qu'il faut ſe faire valoir comme un défenſeur néceſſaire à la Religion Evangelique, prête à ſuccomber ſous les efforts d'une Cour ambitieuſe & tyrannique. Tantôt il leur peint le Conſeil de Vienne comme aveuglé par ce zèle meurtrier qui cauſa autrefois les malheurs de l'Allemagne; tantôt repréſentant la ligue Proteſtante comme un corps affoibli par des attaques ſourdes & réitérées, il lui fait voir au-deſſus de ſa tête une puiſſance formidable, intéreſſée à l'écraſer, & qui déja maîtreſſe du Chef, n'attend plus que l'occaſion d'enchaîner les membres. A défaut d'exemples récens, il va chercher ſes preuves dans les tems les plus reculés: il veut que l'on juge de ce qu'eſt aujourd'hui la France, par ce qu'elle fut ſous les regnes de Henri II, & de Charles IX. Il ſuppoſe à l'Impératrice les projets & les vues de Charles V &

de

(*a*) Diſcours à l'ouverture du dernier Parlement.

de Ferdinand II. Ainsi toujours occupé à ref-
fufciter de vieilles terreurs & à infpirer de nouveaux foupçons, il allarme la politique des
Princes, il échauffe l'enthoufiafme des Miniftres, il feduit la crédulité des peuples, il imagine des complots, il cherche à former des ligues. On diroit à entendre ceux qu'il charge
de femer ces bruits funeftes, qu'il a le plus vif
intérêt de ramener ces tems d'ignorance & de
phrénéfie, où la fuperftition éteignoit les remords, & où le fanatifme venoit allumer fur
l'autel les flambeaux deftructeurs des Etats.

Les motifs de la Cour de Berlin ne peuvent
être ignorés : je ne connois point d'intérêt qui
puiffe déterminer la Cour de Vienne à perfécuter les Proteftans ; mais le Roi de Pruffe en a
un très-grand à perfuader qu'elle a formé le deffein de les opprimer. Si l'Allemagne en effet
eft une Republique gouvernée par des loix, elles commandent à tous fes Princes de fe réunir
contre lui : fi elle eft un Corps divifé par des
partis, il eft néceffaire qu'ils aient différens chefs,
& le Roi de Pruffe en eft un capable d'en impofer par fon éloquence, & d'éblouir par fes talens. Il lui eft donc utile que les opinions
produifent la haine : au lieu de Sectes confultant leurs livres & difputant fur l'autorité de
leurs Docteurs, il lui faut des factions acharn-
nées à fe nuire & prêtes à s'égorger pour leurs
guides.

a 3

Tâ-

Tâchons d'oppofer à ce preftige les lumieres de la raifon : examinons, & l'état de la Religion en Allemagne, & le véritable intérêt des Proteftans : combattons cet efprit de parti que le Roi de Pruffe fait marcher devant lui & auquel il femble dire, *Va préparer les voies à mes conquêtes.* Aujourd'hui la vérité peut le diffiper : s'il eft une fois livré à fa propre fureur, le fer & le feu ne pourront l'arrêter.

Je fuivrai, la méthode qu'on me connoit : je remonterai aux premiers principes : j'en tirerai les conféquences les plus fimples : je les appliquerai aux faits les plus connus.

La Religion eft l'adoration d'un Souverain Etre, la pratique du culte qu'il éxige, & la foumiffion aux loix qu'il prefcrit.

La Religion Chrétienne en ramenant toutes les Nations au culte du vrai Dieu, les a auffi rappellés à la connoiffance de leurs premiers devoirs. Ceux-ci, nés avec la Société dont Dieu eft l'auteur, font tous fondés fur l'amour que les hommes fe doivent mutuellement.

Si le defir immoderé de connoître, lorfqu'il ne falloit que croire, fi l'ardeur de difputer, lorfqu'il ne falloit qu'adorer, ont formé dans tous les tems differentes Sectes parmi les Chrétiens ; celles-ci divifées fur les dogmes ne l'ont point été fur les maximes primitives de la morale. Trouvez-moi une Religion qui fe foit fondée fur l'Evangile, & qui ait dit aux hommes : *Haiffez, perfecutez, & baignez-vous dans le fang de vos frères.* Cet

Cet amour, que toutes les hommes se doivent les uns aux autres, est indépendant de la différence des cultes. Les obligations qu'il nous impose firent partie de ce corps de loix primordiales, que Dieu lui-même révéla aux hommes avec les premieres vérités de la Religion. Avons nous depuis cessé d'être freres? Ces rapports qui nous unissent tous, ont-ils disparu à mesure que nous nous sommes partagés dans nos opinions? Eclairés par la vérité, ou séduits par l'erreur, ne sommes-nous pas toujours les enfans de ce Pere bienfaisant, dont le soleil luit également sur l'ingrat qui l'outrage, & sur le fils reconnoissant qui l'adore?

Non, ce n'est point a la Religion que l'on doit attribuer ces excès auxquels s'est porté, dans les tems malheureux, le zèle des peuples qui ont crû la défendre. Pourquoi imputerions-nous à la Religion Catholique l'esprit persecuteur dont étoient animés quelques-uns de ses Ministres? Pourquoi ferions-nous au Calvinisme l'injure de le regarder comme ayant inspiré à ses partisans cet esprit de révolte, qui arma la moitié de la France contre un de ses meilleurs Souverains? L'Evangile que les uns & les autres donnoient pour leur regle, apprend à souffrir & non à combattre. Il enseigne à se soumettre à ses Rois & à servir sa patrie. Est-ce donc son esprit qui a dévasté la terre?

a 4

N'im-

N'imputons qu'à la volonté des hommes &
non à leur croyance, les crimes qui les desho-
norent: féduits par leur propre cœur, lors même que la vérité éclairoit leur efprit, ils ont
porté dans le Chriftianifme leur génie, leur
caractere, leurs paffions. C'eft leur orgueil,
qui leur a dit, *Quiconque ne penfe pas comme
toi, fera ton ennemi.*

La vérité feroit-elle donc tellement le patrimoine de l'homme, qu'il fût naturellement
porté à regarder comme injufte, quiconque veut
l'avoir feul de fon côté? Je cherche à découvrir
dans fa grandeur même les caufes de fa foibleffe.
Avouons-le, il eft humilié par les reproches
d'erreur. Plus une vérité lui eft chere, plus il
a droit de la regarder comme importante, plus
fa vanité fe révolte, plus fon indignation fe
fouleve contre celui qui lui en difpute la pof-
feffion. De là ces haines de Religion condam-
nées par la Religion même; de-là cet efprit de
parti, quelquefois échauffé par l'ignorance & la
fuperftition, mais qui n'eût produit dans le
monde que des difputes & non des guerres, fi
des paffions plus violentes & plus terribles n'en
euffent fait l'inftrument de leurs fureurs.

Ainfi le fujet ambitieux & rebelle, qui a
voulu fe frayer une voie au Trône, n'a pas manqué de dire à la multitude qu'il a crû entraîner
dans fon crime; „ On veut vous arracher la
„ Religion Sainte que vous profeffez: prenez-
„ y garde, peuples, *il vaut mieux obéir à*
„ *Dieu*

„ *Dieu qu'aux hommes.* Les Apôtres concluoient de cette maxime, qu'il falloit verfer fon fang & mourir fidéle à Dieu & à fon Prince: la rébellion en a conclu au contraire, qu'il falloit faire la guerre à fon Souverain & maffacrer fes freres.

Ce mafque que la révolte a quelquefois emprunté, l'ambition des Souverains s'en eft ellemême couverte pour féduire les peuples.   Ce n'eft pas d'aujourd'hui que la politique fait profiter de cet afcendant, que la Religion peut lui donner fur les efprits.

Pourquoi Jéroboam changea-t-il le culte d'une partie de la nation des Hébreux? Attendoit-il le fuccès de fes armes, des fecours de ce veau qu'il expofoit à l'imbecile adoration des dix Tribus? Infidéle à fon Dieu, traitre envers fon Prince, il craignoit un retour d'affection pour la maifon de David: il vouloit fermer à fes nouveaux fujets le chemin de Jerufalem. Mahomet étoit-il convaincu des rêveries qu'il débitoit avec tant d'emphafe? Il favoit que fa fuperftition feroit méprifer la mort à un peuple de conquérans; cette idée flattoit fon orgueil & le plaçoit fur le thrône. Lorfque fes fucceffeurs fe diviferent, ne fut-ce pas la politique qui confeilla de féparer les cultes, pour empêcher la réunion des Empires?

Je cherche des exemples en Orient: & plût à Dieu que je n'en trouvaffe que chez les ennemis du Chriftianifme ! Mais pourquoi craindrois-

a 5

drois-je d'altérer le respect dû à cette Religion Sainte, en avouant que les Princes Chrétiens ne se font que trop souvent écartés des maximes qu'elle prescrit? combien d'entre eux ont cherché à abuser des préjugés & de l'ignorance des peuples? Combien de fois a-t-on voulu les réunir sous les étendards de l'ambition, en ne leur montrant que celui de la Religion? Heureusement pour eux, l'expérience les a éclairés. La raison, la Religion même les ont instruits, & quelques efforts que fassent aujourd'hui les Cours de Londres & de Berlin, leur ambition tentera sans doute inutilement des moyens, qui peut-être eussent été infaillibles deux siécles auparavant.

Parcourons les histoires, & nous nous convaincrons aisément que l'ambition seule a toujours excité ces guerres cruelles que l'on n'a appellées Guerres de Religion, que parce que celle-ci en étoit le prétexte sacrilége. Reportons-nous à ces tems où les échafaux & les buchers préparoient dans les Pays-Bas cette révolution à laquelle nous dûmes notre liberté. Penserons-nous que ceux, qui dictoient ces ordres barbares, n'eussent en vûe que de sauver leur ame & de laver leurs péchés dans le sang? Qui nous dira, que quelque Ministre ambitieux n'esperât pas quelque fruit de la révolte à laquelle on poussoit des peuples désespérés?

En

En France lorfqu'un Edit de pacification donné dans les premieres années (*a*) de Charles IX,
eut rendu aux peuples la joie & l'efpérance, qui-
eft-ce qui donna le fignal d'une nouvelle guerre civile? Pourquoi le maffacre de Vaffy, qui
recommença les troubles, fut-il le crime des
domeftiques de ce fameux Duc de Guife, dont
les prétentions ne furent que trop connues?
Pourquoi les liaifons de ce Prince avec l'Efpagne?
Pourquoi les Traités fecrets que fes ennemis né-
gocioient alors avec les Princes Allemands?

Tant d'hommes d'Etat, tant de guerriers ne
confultoient-ils alors que les lumieres de leur
confcience? Que ne pouvons-nous connoître
aujourdhui tous les reſſorts fecrets qui produi-
foient des mouvements fi funeftes? Que ne
pouvons-nous être bien inftruits de ce qui fe paf-
foit dans les Confeils de quelques Puiffances étrangeres? Quelques-unes d'entre-elles n'avoient-el-
les point à craindre, que la France tranquille une
fois chez elle, ou ne foutînt les Pays-Bas, ou ne fît
fleurir fa Marine par les foins de l'Amiral de Co-
ligny? J'ai peine à croire, que ce fut par un
zèle bien pur pour la Religion Catholique, que
les Guifes firent violer par des perfécutions
fourdes, la paix donnée en 1568. Les peuples François célébrerent avec tranfport la con-
verfion de Henry IV. Soyons bien perfuadé
qu'elle fit gémir amérement la politique de fes
ennemis. Ces braves défenfeurs de la Sainte
Union,

(*a*) En 1562.

Union, ces protecteurs si zelés de la Doctrine
Catholique virent leurs projets avortés: ils per-
dirent tout, lorsqu'on leur enleva le fanatisme
des peuples.

Quittons la France, & passons en Allemagne
Ce Pays long-tems désolé par les troubles de la
Religion, n'a vû que trop souvent l'ambition
de ses Princes appeller à son secours la superstion
de ses peuples. Quiconque n'est que Chrétien,
fait prier pour ses freres, plaindre leurs erreurs,
chercher à les dissiper. En Allemagne, comme
par-tout ailleurs, le zèle qui extermine, ne
marche jamais qu'à côté de l'injustice qui envahit.

Lorsque Luther souleva une partie de l'Allemagne contre l'Eglise Romaine, dont il voulut d'abord réformer les mœurs: si Léon X.
n'eut été que Pontife, il n'eût employé, pour
prévenir cette division funeste, que des moyens
dignes de la charité d'un Pasteur. Mais il étoit
Prince, & il s'agissoit de perdre une partie des
revenus que la Cour de Rome tiroit de l'Allemagne: il s'adressa donc à l'Empereur, & le
pria d'exterminer Luther & ceux qui avoient
embrassé sa doctrine. Le jeune & fier Charles-
Quint rouloit alors dans sa tête les projets les
plus vastes: il avoit besoin du Pape pour chas-
ser les François, qui maîtres du Milanez, me-
naçoient le reste de l'Italie. Il promit à Léon X
de remplir ses vûes, & par ce moyen le fit entrer dans une ligue contre la France. Luther

cité

cité à Worms, où il vint fous le fauf-conduit de l'Empereur, fut mis enfuite au Ban de l'Empire. Adrien VI avoit le même intérêt que Léon X, & plus de crédit encore fur Charles V, dont il avoit été Précepteur. Le Recès de Nuremberg * renouvella les menaces, & prononça des peines féveres contre quiconque favoriferoit, ou la perfonne, ou la doctrine du Moine Saxon.

Ainfi les opinions, qui déja formoient en Allemagne des Sectes, parce qu'elles étoient liées à un changement réel dans l'exercice public du culte, commencerent à former des partis, parce qu'elles furent perfécutées. Mais ce fut la politique & non la Religion qui perfécuta. En voulons-nous la preuve? Après la mort d'Adrien VI, l'Empereur fe brouille avec le nouveau Pape Clément VII. La bataille de Pavie lui affure la conquête de l'Italie : maître de François I, pour achever d'accabler la France, il a bien moins befoin du fecours de Rome que de la tranquillité de l'Allemagne. D'ailleurs des difcordes civiles dans l'Empire peuvent favorifer les progrès des Turcs qui s'avancent en Hongrie. Alors un Recès de la Diéte de Spire ** défend très-expreffément d'inquiéter les Lutheriens fur leur croyance.

Tant que dura la guerre avec la France, la Religion fut tranquille dans les Etats Germaniques.

* En 1522.
** En 1526.

ques. En 1528, la paix se fait à Cambray. Charles-Quint libre alors, se croit obligé de ménager le Pape, pour l'empêcher de déclarer nul le mariage du Roi d'Angleterre avec Catherine d'Arragon. Il veut de plus se préparer des moyens pour accroître ses Etats en Allemagne. La persécution recommence. En 1529 la Diéte de Spire annulle le Recès de tolerance publié en 1526. Les Lutheriens prennent le nom de Protestans, & mettent au jour en 1530 la fameuse Confession d'Ausbourg.

Alors les affaires avoient changé de face en Hongrie. Le secours des Protestans n'étoit plus nécessaire à l'Empereur. L'Italie étoit tranquille & soumise. Il n'étoit plus question pour augmenter son pouvoir, que de faire ce que veut faire aujourd'hui le Roi de Prusse, mettre aux prises les deux Partis qui divisoient l'Allemagne, les affoiblir l'un par l'autre, & s'enrichir de leurs dépouilles.

Le Décret d'Ausbourg fut le plus sévere de tous. Il annonça que les Protestans alloient être traités comme *Rebelles & Heretiques.* L'Empereur sçavoit sans doute la différente signification de ces deux mots; mais il lui étoit pour lors important de les confondre.

Alors tous les Princes Protestans s'unissent & font cause commune. La ligue de Smalkalde est signée en 1531. L'Electeur de Saxe & le Landgrave de Hesse sont mis au Ban de l'Empire. Tout est en feu dans l'Allemagne. Est-

ce

ce la Religion qui met à Maurice les armes à la main pour dépouiller l'Electeur son cousin ? Est-ce la charité, prescrite par l'Evangile, qui dicta la Sentence, qui condamna ce malheureux Prince au dernier supplice, auquel il ne put se soustraire qu'en cédant une Place-forte au chef de l'Empire, & ses Etats à Maurice ?

Ce Jugement cruel ne permit plus aux Princes d'Allemagne de douter des véritables projets de Charles V. Maître de la personne du Landgrave de Hesse auquel il avoit manqué de parole, il connoît, au mouvement de tous les Etats & aux négociations qu'ils entâment tous à la fois, qu'il est devenu l'objet de la haine commune; c'est alors qu'il fait approuver par la Diette d'Ausbourg le fameux *Interim* par lequel il crut qu'il obtiendroit le tems de respirer.

Mais les allarmes étoient trop vives & trop bien fondées. Maurice lui-même, ce Maurice, qui s'étoit mis en possession des Etats de son cousin, & avoit approuvé les procédés rigoureux de l'Empereur, tant qu'ils avoient favorisé son ambition, devient l'ennemi le plus redoutable de ce Prince, il l'oblige de fuir; il dissipe le Concile de Trente, & se déclare le Défenseur de ces mêmes Princes Lutheriens dont il s'étoit annoncé comme l'Adversaire le plus puissant. Dira-t-on encore que la Religion fut le motif de ces querelles sanglantes?

Alors

Alors Charles V. connoît par sa propre expérience, que la violence est toujours foible lorsqu'elle attaque les Loix.   Ferdinand, Roi des Romains, son frere, vient lui-même traiter avec l'Electeur Maurice: la puissance du Chef de l'Empire est forcée de s'humilier devant ces mêmes Princes qu'elle avoit crû subjuguer. On convient de s'assembler à Passau, & le 16 Juin 1552 est signée la convention célébre qui fut le germe de cette Loi publique, si connue en Allemagne sous le nom de *paix de Religion*.

MEMOIRES
POUR SERVIR A
L'HISTOIRE
DE NOTRE TEMS.

2.

REFLEXIONS SUR LE PRETENDU DAN-GER QUE COURT LA RELIGION PROTESTANTE EN ALLE-MAGNE.

ENfin en 1555, cette paix si défirée se conclut à Ausbourg. Rappellons-en les engagemens. Ils forment à jamais le rempart de la Religion & de la liberté Germanique.

Le droit d'embraffer l'un ou l'autre culte y eft pofé comme une loi fondamentale. L'Empereur, les Princes & tous les Etats de l'Empire fe promettent réciproquement la liberté de l'exercice de la Religion que chaque Prince voudra embraffer, & s'interdifent le droit funefte de véxer & de perfécuter ceux de leurs fujets qui auront une croyance différente de la leur. On accorde aux Prélats & autres Bénéficiers Catho-

b

liques

liques la liberté de quitter l'ancien culte, sans être notés ni flétris, pourvû qu'ils renoncent en même-tems à leurs bénéfices. On confirme les Princes Protestans dans la possession des biens ecclésiastiques dont ils s'étoient emparés, & on stipule que la Jurisdiction du Pape sur les Eglises devenues Protestantes, sera dans la suite regardée comme une portion de la supériorité territoriale des Princes & Etats dont les Eglises feront sujettes.

Telle est cette fameuse constitution dont l'autorité inébranlable ne semble avoir été depuis attaquée que pour acquerir de nouvelles forces, & pour affoiblir même la Puissance qui a tenté de lui donner atteinte.

Ainsi lorsque Ferdinand II, après avoir jetté l'epouvante dans le corps Germanique par la proscription de l'Electeur Palatin, se crut assez fort pour oser enfreindre, par un Edit public, cette loi si précieuse à tous les membres de l'Empire, son regne ne fut plus qu'un enchaînement de fautes & de disgraces. Ferdinand III, aussi entreprenant, ne fut pas plus heureux. Que gagna l'ambition de ces Princes? La France & la Suéde embrasserent le parti des Etats opprimés: & les Traités de Westphalie en rappellant & confirmant la paix publique & la paix de Religion, opposerent & à la licence des membres & à l'ambition du Chef de l'Empire, la garantie de deux Puissances respectables.

Que

Que resulte-t-il du tableau que je viens de remettre sous nos yeux? Une vérité importante & dont les conséquences seront extrêmement utiles à la décision de la question que je traite. Il est prouvé que même dans ces siécles peu éclairés, où l'ignorance & la superstition faisoient méconnoître aux peuples l'esprit de la religion qu'ils professoient, ce fut l'intérêt personnel des Princes, ce furent leurs passions particulieres qui allumerent le feu de ces guerres civiles, que l'on nomma guerres de religion, mais que l'on eût plus justement appellées guerres d'ambition.

Ainsi dans le siécle où nous vivons, dans ce siécle, plus ennemi encore de la superstition, qu'il n'est ami de la Religion, l'attachement qu'un Prince peut avoir pour la foi de ses peres, ne peut jamais être pour lui un motif de persécuter les peuples, dont, au fond du cœur, il plaint l'égarement. Comment la Religion Chrétienne pourroit-elle jamais nous porter, comme motif, à des excès qu'elle proscrit, comme regle? De deux choses l'une, où le Souverain dont nous parlons est vraiment religieux, & dans ce cas il est juste, il est fidéle aux loix, il est l'ami de l'humanité: ou toute Religion lui est indifférente, & dès là le zèle pour l'une ou pour l'autre ne lui inspirera jamais des maximes sanguinaires.

De-là il suit, qu'en derniere analyse, il faut toujours en revenir à l'ambition & à l'intérêt des

b 2

Prin-

Princes : ces motifs feuls ont fait & feront toujours des perfécuteurs.

Ainfi pour fe fixer fur les accufatiohs qu'il
s'agit ici d'apprécier, tout doit fe réduire à examiner 1. fi la Puiffance à qui l'on impute des
projets contre la Religion, eft une Puiffance
ambitieufe qui veuille s'accroître par le renver-
fement des loix. 2. Si celles qui ont veillé à la
fureté & à la liberté de la Religion en Allemagne,
forment un obftacle aux projets de cette Puiffance, & fi pour s'élever elle a befoin de les
enfreindre.

A ces deux queftions la juftice exige que l'on
en joigne une troifiéme. Le Prince fur lequel
tombe l'imputation a-t-il prouvé par fa conduite qu'il eût formé le plan d'élever l'une des deux
Religions fur les débris de l'autre?

C'eft dans la difcuffion de ces trois objets
que les Auteurs Anglois & Pruffiens auroien$_t$
dû renfermer leurs favantes differtations. Il$_s$
auroient dû prouver par des faits publics ou par
des actes authentiques, ces trois propofitions :
1. Les Cours de France & de Vienne ont formé
le projet d'étendre leur domination aux dépens
du Corps Germanique : 2. Elles n'y parvien-
dront facilement qu'en écrafant la Religion Proteftante : 3. Leur conduite actuelle annonce ce
deffein & en commence l'exécution.

Tandis que les Ecrivains de S. M. Pruffienne
travailleroient fur le plan que je leur propofe,
d'autres Differtateurs Allemands pourroient fur

un cannevas affez femblable, faire un ouvrage également digne de l'attention du public, & voici à peu-près les queftions que je leur confeillerois d'examiner de bonne foi.

1. Le Roi de Pruffe a-t-il formé le projet d'augmenter fon pouvoir & d'acquerir fur fes Co-Etats une fupériorité à l'abri des événemens & des révolutions?

2. Pour parvenir à ce but, a-t-il intérêt de fe faire chef de parti; & le moyen le plus fûr pour y parvenir, ne feroit-il point d'exciter des craintes & de fonner l'allarme chez tous les Pro-teftans?

3. Sa façon de penfer fur toutes les fectes, n'eft-elle point une preuve certaine qu'il n'agit point par zéle pour la Religion Evangelique; & la maniere dont il traite lui-même les Etats Proteftans ne doit-elle pas les convaincre, qu'il veut être leur chef, plûtôt que leur défenfeur, & plus encore leur maître, que leur chef?

L'on voit, que je donne à chaque parti fa tache, & que je ne demande pas mieux que de voir la matiere traitée avec toute l'impartialité qu'elle exige. En attendant que ce double cannevas foit rempli par une main plus habile, ébauchons ici une efquiffe de differtation fur l'un & fur l'autre objet. Commençons par les deux Puiffances que S. M. Pruffienne nous repréfente comme fi animées contre la Religion Proteftante: la Cour de Berlin aura enfuite fon tour.

b 3

Di-

Dire en général que des Princes font ambitieux, & ne dire que cela, c'eft accufer tous les hommes de naître avec le péché originel. Cette accufation vague ne prouve rien, ou ce qui revient au même, elle prouve également contre tous. Il faut donc articuler, il faut prouver des faits pour parvenir à infpirer une jufte terreur, & des défiances fondées.

Or, la Cour de Berlin n'a préfenté aucun fait concluant, elle s'eft même difpenfée de prouver ceux qu'elle a fait publier dans fes manifeftes.

Mais il en eft un certain & avoué, c'eft que l'Impératrice Reine a été attaquée dans fes Etats: donc de ce qu'elle a aujourd'hui les armes à la main, les Etats de l'Empire ne peuvent jamais conclure qu'elle ait des deffeins funeftes à leur liberté.

Quant à la France, il eft prouvé que ce n'eft pas pour fon propre intérêt qu'elle a envoyé fes troupes en Allemagne: attaquée par les Anglois, elle étoit uniquement occupée à maintenir contre leurs entreprifes fes Colonies, fon Commerce, fa Marine. Une guerre de terre ne pouvoit que la diftraire de cet objet important: les Anglois n'ont que trop réuffi à lui attirer cette diverfion qu'ils ont tant fouhaitée. L'accufera-t-on d'avoir eu des projets ambitieux lorfqu'elle a été forcée, comme garante de la paix de Weftphalie, à fecourir les Princes d'Allemagne opprimés ou menacés?

Mais

Mais veut-on abfolument prêter des projets injuftes à deux Puiffances dont l'une fe défend & dont l'autre ne fait que remplir fes anciens engagemens? Dans ce cas, il faut opter; car l'ambition de l'une ne peut être l'ambition de l'autre. Si l'Impératrice a pour objet d'écrafer le Corps Germanique; l'intérêt de la France eft de le foutenir & de le défendre. Il ne faut pas être un politique bien rafiné pour décider que plus la maifon d'Autriche fe rendra redoutable en Allemagne, plus elle fera en état de nuire aux projets que l'Angleterre prête à la maifon de France, & plus celle-ci perdra & de fa confidération & de fon crédit relatif. Je crois l'avoir prouvé ailleurs, & je ne le répéterai point ici; quiconque a rêvé que les Cours de France & de Vienne s'étoient réunies pour envahir, a fait le fonge le plus ridicule, & leur a prêté le plan le plus abfurde dans fon arrangement, & le plus impoffible dans fon exécution. Rien ne l'annonce dans la conduite de ces deux puiffances. Je pardonnerai volontiers au Miniftre foupçonneux qui leur fuppofera quelque ambition; mais je me mocquerai du grave Politique qui les accufera de vouloir efcalader le ciel à fraix communs.

Mais allons plus loin, donnons ici carriere à toutes les hypothèfes. Oui, le Confeil de Vienne eft encore occupé de ces vaftes projets qui flattoient fi agréablement Charles V & Fer-

b 4

dinand

dinand II. Il oublie que le despotisme de ces Princes augmenta la liberté du Corps Germanique, & diminua le pouvoir des Césars. L'Impératrice Reine regarde l'Allemagne comme son patrimoine. Cette Princesse par elle-même, n'est qu'un membre de l'Empire; mais son mari en est le Chef. Le pouvoir de l'un va désormais servir l'ambition de l'autre. C'est en perpétuant l'Empire dans leur descendance, c'est en réveillant toutes les vieilles prétentions des Empereurs, c'est en détruisant les uns après les autres tous les priviléges du Corps Germanique, que l'on va rendre agréable à toute l'Allemagne cette nouvelle Maison d'Autriche, composée de cinq Princes tous mineurs, & dont aucun n'a un pouce de domaine. C'est par des moyens aussi efficaces, qu'elle doit usurper peu à peu la Monarchie de l'Allemagne entiere. Bientôt les Electeurs ne seront que ses vassaux & les autres Princes ses sujets.

Hé bien : pour jetter les fondemens de ce superbe édifice, pour se frayer une route à ce despotisme si glorieux, il est donc nécessaire d'affoiblir, de détruire même la religion Protestante? Que les Auteurs Prussiens me prouvent cette proposition, je leur passe leurs déclamations les plus véhémentes, & je les dispense même d'examiner, si les démarches de la Cour de Vienne annoncent ce plan exterminateur.

Mais

Mais si je leur demontre, moi, que le moyen le plus sûr qui puisse être choisi par les Empereurs pour mettre de nouvelles entraves à leur pouvoir, & pour diminuer leurs prérogatives, seroit aujourd'hui d'entreprendre quelque chose contre la Religion, j'exige que ces Ecrivains si clair-voyans, qui veulent que le Conseil de Vienne soit essentiellement injuste, conviennent du moins avec moi, qu'il n'est pas composé de Missionnaires, qui n'aient que du zèle, mais d'hommes d'Etat qui ont quelque prudence.

Les violences exercées contre les Protestans, les efforts insensés que feroient les Empereurs pour les opprimer, seroient en Allemagne la ruine du pouvoir Impérial. Voilà ma proposition. Tout en annonce la vérité. L'expérience & le raisonnement se réunissent pour l'établir.

Je commence par l'expérience & je la puise dans les histoires. L'anarchie de l'Allemagne, l'augmentation successive du pouvoir des Etats, le désordre & les guerres ont affoibli l'ancien pouvoir des Empereurs, mais leur ont laissé des prétentions: qui est-ce qui a porté les derniers coups à leur authorité? Qui est-ce qui leur a ravi même leurs prétentions? qui est-ce qui a fait une Republique gouvernée par des Loix, de ce qui n'étoit encore qu'un Gouvernement de fait, dans lequel chacun cherchoit à s'accroître, & qui laissoit par sa confusion même

quel-

quelques espérances à l'ambition des Empereurs? C'est l'imprudence qu'ont eu ces Princes de persécuter une Religion, & de se rendre chefs d'une ligue, qui se couvroit du masque d'une autre Religion: entrons dans quelques détails: quand ils me conduiroient un peu loin, ils sont ici nécessaires.

L'Empire d'Allemagne & la France remontent l'un & l'autre à une souche commune. Vous trouvez sous Charlemagne le berceau de l'un & de l'autre gouvernement. Un Souverain & de grands vassaux, telle étoit alors la forme de l'Etat. En France & en Allemagne la puissance des Souverains s'affoiblit sous la descendance de Charlemagne. En Allemagne, les Othons releverent la dignité Impériale. En France, Hugues Capet donna quelque consistance à la Monarchie; mais dans l'un & dans l'autre Etat les grands fiefs passoient déja aux descendans, & le Gouvernement étoit devenu féodal.

En France la Couronne étoit héréditaire. La maison regnante retablit peu à peu l'ordre ancien. Les Rois devinrent plus puissans, les grands fiefs furent réunis, les autres vassaux s'affoiblirent, la Monarchie se conserva.

En Allemagne l'Empire devint électif en 1077, les grands vassaux commencerent à se choisir leur chef, & dès-là purent malgré lui conserver & augmenter même leur propre pouvoir,

Que

Que servoit à l'Empereur le droit de commander, lorsque tous ses feudataires étoient assez puissans pour ne lui point obéir, & qu'il étoit trop foible pour les y contraindre? * L'Anarchie prit donc insensiblement la place du Gouvernement. Les démêlés des Papes avec les Empereurs augmenterent le trouble. Ceux-ci cesserent peu à peu de promulguer des loix inutiles. Ils ne firent plus que des conventions, & ce sont ces conventions qui sont aujourd'hui les loix de l'Allemagne.

La Bulle d'Or en 1350 fixa la maniere d'élire, de couronner, & de servir le chef de l'Empire, mais ne regla ni son pouvoir ni celui des Membres du Corps Germanique. Enfin sous Maximilien I, la Diette de Worms travailla à donner quelque forme au Gouvernement, elle accepta la constitution redigée par l'Empereur. Comparons-la aux capitulations qui sont venues ensuite, & nous verrons combien le pouvoir Impérial est diminué depuis cette époque.

Si donc la Puissance des chefs de l'Empire n'étoit plus celle des Othons, il leur restoit du

* Quamvis Imperatorem & Regem & dominum fatemini, precariò tamen ille imperare videtur. Nulla ejus potentia est. Tantum ei paretis, quantum vultis, vultis autem minimum. Libertas omnibus in communi placet. Neque civitates, neque principes quod suum est Imperatori præbent. Nulla ei vectigalia, nullum ærarium; quisque suæ rei moderator & arbiter esse vult. *Æn. sylv. apud Pfessing. ad Vitriar. tom. 1. p. 291.*

du moins des droits encore fort étendus , &
des prétentions encore plus vastes.   Quelle
différence entre la Capitulation de Charles V.
& celle des derniers Empereurs!

Comment donc cette autorité a-t-elle été
dans la suite resserrée, par des loix irrévocables,
dans les limites étroites que lui prescrivent aujourd'hui ces *pacta conventa*, auxquels on a
donné le nom de Capitulations? Je l'ai déja dit,
Charles V crut pouvoir profiter de la division
que produisoit la différence des opinions.   Il
fit faire des loix pénales contre les Luthériens,
il se flatta que leur exécution rigoureuse éten-
droit ses prérogatives.   Il étoit à la tête de
l'Empire: il se mit à la tête d'une ligue ; il ne
fit pas attention que les Princes doivent avoir
des sujets & non des partisans.   Qu'arriva-t-il?
Il excita des défiances dont les traces ne font
point encore effacées.   De nouvelles vexations
firent imaginer de nouveaux remparts pour s'en
mettre à couvert.   Les deux Ferdinands ache-
verent de ruiner ce qui leur restoit de pouvoir,
par les mêmes moyens qui avoient déja si mal
réussi à Charles V, & rendirent nécessaires les
Traités de Westphalie, qui fixant pour jamais
la qualité & les droits du Chef de l'Empire,
firent disparoître jusques aux moindres équivoques, à la faveur desquelles il eût pû éluder les
loix.   C'est alors qu'il fut formellement déci-
dé, que les Etats étoient vassaux de l'Empire
& non de l'Empereur, que le Chef de ce vaste
Corps

Corps ne pouvoit rien fans les membres, & que la qualité de Juge, qu'il exerce, ne lui attribuoit aucun genre de Souveraineté. C'est alors que fut univerfellement reconnue la fupériorité territoriale des Princes & des Etats ; c'est depuis cette époque que les Capitulations font devenues d'Election en Election, plus strictes & plus févéres.

Voilà, quels ont été les effets de cette imprudente ambition, qui porta les Empereurs à perfécuter les Protestans. Comment peut - on imaginer que cette Cour de Vienne à qui l'on doit fuppofer des vues pour l'avenir & quelque connoiffance du paffé, veuille entrer dans une route, où elle ne verra de tous côtés que des débris de fon pouvoir, & où fubfistent encore non-feulement les écueils qui firent échouer Charles V & Ferdinand III, mais les barriéres même que l'on éleva pour s'oppofer à l'ambition de leurs fucceffeurs ?

Prenons - y garde en effet, ces Empereurs avoient pour eux des reffources qui manquent aujourd'hui à la Cour de Vienne, & n'avoient point tous les obstacles que celle - ci rencontreroit néceffairement.

Du tems de Charles V. la tolérance en matiére de Religion n'étoit point encore loi de l'Empire. L'Empereur dans des Diétes dont il étoit le maître, faifoit prononcer

des

des loix sevéres contre les partifans de la Religion Evangélique. — Il les exécutoit en-fuite par fes décrets & par fes armes. Tout fembloit favorifer fes vûes; les préjugés de ce fiécle peu éclairé, le zéle outré des Catholiques, l'autorité des Papes, qui plus entreprenante & plus aveuglément refpectée, décidoit encore que l'on devoit pourfuivre à main armée celui que leur foudre avoit frappé.

Le fiécle eft revenu de ces préjugés formidables : en confultant la raifon on s'eft raproché des maximes de l'Evangile : les Papes plus Pafteurs qu'ils ne l'étoient alors, ont abandonné leurs prétentions & ont ceffé de commettre inutilement une autorité refpectable, tant qu'elle fe contient dans fes bornes ; incapable de nuire dès qu'elle les franchit ; & toujours impuiffante pour déranger l'ordre du gouvernement civil ou politique. L'Empereur n'eft plus le maître de faire des loix contre les Proteftans ; celles qui autorifent leur Religion, celles qui la mettent à l'abri des peines civiles fubfiftent dans toute leur vigueur : le zéle perfécuteur ne peut faire un pas aujourd'hui, qu'il ne choque les conftitutions les plus facrées & les plus inviolables. Quoi, l'Impératrice beaucoup moins puiffante que fes ancêtres, entreprendra de détruire un

ouvra-

ouvrage que tant de retranchemens environ-
nent, & qui refifta fans eux aux entreprifes & aux efforts de Charles V, de Ferdinand II & de Ferdinand III !

L'expérience des fiécles paffés lui apprend
donc, que loin que la perfécution puiffe
être un moyen d'augmenter fon pouvoir,
c'en feroit un infaillible pour le détruire,
pour exciter contre elle les ligues les plus
redoutables, pour réveiller la haine de fes
voifins, en un mot, pour rendre à jamais
odieufe cette nouvelle maifon d'Autriche
dont elle ne cherche à préparer la gloire
qu'en lui gagnant l'amour des peuples.

En voulons nous une preuve frappante?
interrogeons la conduite du Roi de Pruffe lui-
même. Pourquoi cherche-t-il à exciter
l'allarme des Proteftans? Pourquoi nous
peint-il l'Impératrice comme méditant leur
ruine? De bonne foi, eft-ce attachement
fincére pour la Confeffion d'Ausbourg, qui
le fait parler ainfi? Eft-ce zéle pour le culte de fes Peres? eft-il lui-même pénétré
de cette crainte religieufe qu'il veut infpirer?
Il feroit fans doute faché que les gens fages
le cruffent ; mais il lui importe de rendre
la Cour de Vienne odieufe. Or, fi des
bruits vagues, fi des difcours en l'air peuvent produire cet effet, que pourroit-il attendre de faits qui juftifieroient cette imputation?

tation ? Donc l'intérêt même dé l'Impératrice , autant que ſes vertus & ſon caractere , s'oppoſe au plan qu'on affecte de ſuppoſer.

Cette matiére eſt vaſte , & longue ; je n'ai ébauché qu'une partie de mes preuves : je continuerai cette diſcuſſion a la premiére occaſion : l'objet que je traite , eſt aſſez important pour qu'il faſſe le ſujet de plus d'un entretien. Je ne veux reprendre mon hiſtoire des troubles de l'Allemagne qu'après avoir épuiſé l'article des terreurs par leſquelles on voudroit rendre les diviſions plus cruelles , & les haines plus ſanglantes.

MEMOIRES
POUR SERVIR 'A
L'HISTOIRE
DE NOTRE TEMS,

<hr>

3.

REFLEXIONS SUR LE PRETENDU DAN-GER QUE COURT LA RELIGION PROTESTANTE EN ALLE-MAGNE.

L'expérience des siécles passés se joint, la connoissance de l'état actuel de l'Allemagne. Il ne peut être igno-ré par le Conseil de Vienne; & quand la mo-dération de l'Impératrice Reine ne viendroit point elle-même au secours des loix qui pre-scrivent la tolérance à ses Ministres; il faudroit qu'ils fussent trompés par l'illusion la plus gros-siere, s'ils se flattoient que l'on pût aujourd'hui augmenter le crédit de la Maison d'Autriche, en persécutant les Protestans.

Si la Religion fut le voile dont on se servit autrefois en Allemagne, pour couvrir les at-

c

tein-

teintes que l'on vouloit donner aux droits des Princes de l'Empire ; il étoit naturel que ceux-ci, qui ne défendoient réellement que leur liberté politique, écrivissent aussi sur leurs drapeaux, qu'ils combattoient pour la foi de leurs peres. Ainsi le Parti qui voulut opprimer, forma lui-même celui qui ne chercha d'abord qu'à se défendre, & ces deux Partis une fois existans, & trop long-tems perpétués par les ruses de la politique & de l'ambition, veillent l'un sur l'autre avec une attention qu'il est impossible de tromper, & toujours dangereux de réveiller.

Elle subsiste donc encore, cette ligue formée par la convention de Smalkalde, & fortifiée par tant de Traités postérieurs. Elle a un Chef, elle a des Membres puissans, elle est en état de lever des armées pour la cause commune ; & ce qui est sans doute un défaut dans la constitution politique, devient une nouvelle barriere, qui arrêtera toujours les entreprises téméraires de quiconque voudroit s'arroger le droit de dominer sur les esprits, & de maitriser les consciences.

Les Etats de l'Empire assemblés à la Diette, déliberent en commun sur toutes les affaires qui n'intéressent que l'administration politique & le gouvernement général de l'Allemagne. La pluralité des suffrages dans chaque Collège forme la décision, & nécessite la direction du corps entier.

S'é-

S'éleve-t-il quelque question qui paroisse avoir le moindre rapport à la Religion? Ce Corps respectable, ce Corps si puissant, lorsque tous ses Membres concourent au même but, se divise nécessairement. Deux phantômes d'intérêts opposés, deux différentes manieres d'envisager les objets forment sur le champ deux Partis. Ce n'est plus ce Congrés majestueux, que l'Ambassadeur de Pyrrhus eût comparé à une assemblée de Rois, avec plus de justesse qu'il n'y compara le Sénat de Rome : ce n'est plus ce vaste Tout dont les Parties intimement liées font capables de résister aux attaques les plus vives : ce n'est plus cette nombreuse Famille qui trouve sa propre gloire dans celle du pere commun. Ce sont deux ligues qui s'observent, deux factions qui se haïssent, deux partis qui craignent des piéges qu'on ne leur tend point. Une partie des Membres de l'Empire ne voit plus dans le Chef de la République Germanique qu'un Adversaire secret, dont l'éclat les offusque, & dont le pouvoir peut les enchaîner. Une terreur panique, excitée par des soupçons sinistres, suspend la crainte des dangers les plus réels, & les précautions que ceux-ci exigent, ne font que trop souvent retardées par l'inquiétude que cause à chaque Membre un péril imaginaire. L'une & l'autre Ligue a donc alors son Assemblée & sa Délibération particuliere ; & un usage introduit dans des tems malheu-

c 2

reux ;

reux; mais dont les défiances qui se font perpétuées ont fait une loi, arrête pour un tems l'effet de cette loi si sage, qui regle la forme des délibérations communes.

C'est cet usage dont n'abuse que trop souvent l'ambition, lorsqu'elle veut troubler la tranquillité publique. Quel est le Prince, qui, formant un projet, qu'une délibération commune proscriroit à l'unanimité des suffrages, ne trouve dans sa proposition un rapport chimérique avec l'intérét de la Religion, & ne cherche par cet artifice à exclure de la délibération tous les Etats dont il craint la contradiction? C'est alors que l'intrigue est substituée à l'examen, & que les passions particulieres prennent la place de l'amour de la patrie. Là fermentent les jalousies, là s'échauffent les haines, là veillent les soupçons, là se tourmentent & s'agitent les défiances. Bientôt tous ces monstres se réunissent, le Fanatisme les rassemble, l'ambition les conduit: elle trompe l'homme de bien, elle entraîne le foible, elle rit de la crédulité des peuples, elle finit par répandre leur sang.

Qu'il y ait trois Religions en Allemagne; c'est un mal, & le Protestant en convient comme le Catholique: mais c'est un mal dont Dieu seul connoît le reméde; c'est un mal qui par sa nature est au-dessus des secours humains; que la violence a toujours aigri; auquel la raison défend d'appliquer le fer & le feu, & que les
loix

loix qui ne veillent qu'à l'ordre extérieur &
public, ont regardé comme hors de leur portée.

Mais que ces Religions forment deux partis;
je le dis avec tout homme sage, religieux &
citoyen, c'est un mal que la raison humaine
peut guerir, parce que ses principes suffisent
pour nous en garantir; c'est un mal que la Religion détruiroit, si elle étoit écoutée; c'est un
mal enfin que la saine politique devroit peu à
peu travailler à faire disparoître, loin de chercher à l'aigrir & à l'envenimer.

Loin de moi, cette indifférence criminelle,
qui se parant du beau nom de Philosophie, regarde tous les cultes comme égaux, se fait à
elle-même ses principes, & place sur la même
ligne les vérités les plus importantes & les erreurs les plus pernicieuses.

Oui, le Prince doit avoir une Religion,
parce que, comme homme, il est un être in-
telligent & libre; il en doit avoir une, parce que,
comme Souverain, il doit à ses peuples l'exemple de toutes les vertus: mais semblable aux loix
dont il est & l'Auteur & le premier Ministre,
il ne voit, il ne punit dans ceux qui sont sous
son Empire, que l'infraction des Reglemens
destinés à maintenir l'harmonie extérieure & civile. Le fonds de notre cœur, cette partie de
nous-mêmes qui voit la vérité, qui s'entretient
avec elle, qui la regarde comme le seul bien
que la violence ne puisse lui ravir, mais quel

quel-

quelquefois auſſi prend pour elle le phantôme
impoſteur qui lui eſt préſenté ; notre ame n'eſt
que ſous la main de Dieu, le roi des eſprits &
le dominateur des volontés.

Pourquoi donc ces eſprits deviendroient-ils
ennemis, lorſqu'ils ſe partagent dans leurs opinions ? Pourquoi les loix humaines qui ne pu-
niſſent point la mauvaiſe volonté lorſqu'elle de-
meure cachée dans le cœur, traîteroient-elles
avec plus de ſévérité l'erreur qui n'attaque ni
ne trouble l'harmonie des Etats ? Pourquoi ten-
teroient-elles inutilement de tranſporter dans la
ſphere des eſprits à laquelle préſide ſeule & im-
médiatement l'Intelligence du Souverain Etre,
un ordre uniquement deſtiné à regler l'univers
viſible qui leur eſt ſoumis ?

La diverſité des Religions peut donc former
en Allemagne pluſieurs opinions ; elle peut autoriſer différentes manieres d'adorer, mais elle
ne peut produire par elle-même deux intérêts
oppoſés ; parce que l'intérêt du Corps Germanique a toujours néceſſairement pour but le bon
ordre extérieur & la pratique conſtante des loix,
biens précieux, avantages fondés ſur la ſageſſe
de l'adminiſtration, & auxquels la différence des
dogmes ne pourra jamais donner atteinte.

Plût à Dieu qu'il me fût permis de le dire à
tous ces Princes, à tous ces Etats aſſemblés à
Ratisbonne ; plût à Dieu que je puſſe repéter
ſans ceſſe avec ce zèle de citoyen qui doit être

le

le même dans tous les hommes, sous quelque gouvernement qu'ils soient nés! Oui, Princes, quoi qu'en disent ces hommes inquiets, qui ne cherchent que trop souvent & trop efficacement à jetter la division parmi vous: ce n'est point de la Religion qu'il s'agit dans ces assemblées particulieres, où l'on prépare les objets que l'on voudroit soustraire à la délibération du Corps Germanique: la Religion est dans votre cœur; elle est dans l'ame des peuples; mais elle y est tranquille; elle adore, elle ne hait point. Ce font mille passions tumultueuses qui font entendre autour d'elle leurs cris effrayans. Faites taire leurs voix insensées; arrêtez la violence de leurs mouvemens; il ne vous faut pour cela que le secours des loix. Catholiques & Protestans; ici votre intérêt se réunit, parce que ces loix sages veillent également à la sureté des uns & des autres. Pourquoi se diviser? Pourquoi des Congrés separés, lorsque les mêmes vûes doivent vous animer? Voulez-vous définir des dogmes? A la bonne heure: je consens que chaque religion ait son synode. Mais s'il s'agit de prendre des mesures relatives au gouvernement politique; s'il s'agit de maintenir la paix, de prévenir la guerre, d'écraser le germe des projets funestes à votre liberté. Princes, rappellez-vous que vous avez tous le même but, que quelque religion que vous professiez, elle ne vous suggere point des maximes parricides;

que

que vous êtes tous vaſſaux du même Empire, membres du même corps, freres par la loi naturelle, concitoyens par la conſtitution du gouvernement qui vous unit.

Voilà, voilà ce que la raiſon, ce que la religion, ce qu'une meilleure politique feront quelque jour entendre aux Miniſtres de la Republique Germanique. Qu'elle ſe conduiſe ſur ces principes; ſa conſtitution invulnerable étouffera ſans effort les diſcordes naiſſantes dans ſon ſein: elle bravera les attaques de ſes ennemis étrangers: elle préſentera éternellement à l'univers le magnifique ſpectacle d'une union indiſſoluble entre la liberté & l'autorité.

Avouons-le, ce tems n'eſt point encore venu, & les efforts de la Cour de Berlin, quelque Philoſophes que puiſſent ſe dire ſes Miniſtres, ne hâtent point les progrès de cette Philoſophie ſi eſſentiellement liée avec la religion. Les partis ſubſiſtent & ne s'allarment que trop aiſément: cette ligue de Princes confédérés, qui paroiſſant défendre leur foi à laquelle la Cour de Vienne n'a jamais ni voulu ni pû donner atteinte, ont réellement défendu leur liberté & leurs droits contre des tentatives que l'on eſt aujourd'hui bien éloigné de renouveller; cette ligue eſt auſſi puiſſante que jamais. La religion eſt encore pour elle le mot de ralliement, que deux de ſes membres ne prononcent que trop ſouvent. Les Cours de Londres & de Ber-

Berlin y entretiennent à frais communs les restes de cette vieille animosité contre la maison d'Autriche, malheureuses traces de discordes qui troublerent le seiziéme siécle.

Je sais que ce ressentiment diminue de jour en jour ; c'est à la justice & a la modération des Princes Autrichiens, à dissiper entiérement ces vestiges funestes. Mais les forces de cette ligue puissante sont-elles diminuées dans la même proportion que les causes qui l'ont formée? Comparez ce qu'elle est aujourd'hui & ce qu'elle fut autrefois. Heureuse de pouvoir alors se défendre, elle doit être en garde aujourd'hui contre la tentation d'attaquer, & contre les entreprises dans lesquelles on voudroit l'engager. Du tems de Charles V. avoit-elle pour membres des Rois capables de faire tête seuls au reste de l'Allemagne, & aux principales Puissances de l'Europe?

A ne juger que par le Collége Electoral, du parallele des forces que les Protestans peuvent mettre sur pied, avec celles que les Catholiques sont en état de leur opposer: je demande, si l'on mettroit en comparaison les contingens que doivent fournir les Electeurs Ecclésiastiques, ou même l'Electeur de Baviére & le Prince Palatin, avec c s armées formidables que le Roi de Prusse & le Roi d'Angleterre peuvent entretenir dans tous les tems. Dans l'évaluation des forces respectives des deux partis,

pour

pour combien comptera-t-on cette multitude de Prélats & d'Abbés dont les places en tems de guerre font toujours au premier occupant, & dont les troupes peu aguerries, font plûtôt une décoration pour le Prince, qu'un fecours fur lequel il puiffe lui-même compter? A combien montoit dans la derniere campagne l'armée de l'Empire, dans laquelle étoient entrés les contingens de plufieurs Etats Proteftans, qui s'en feroient certainement féparés, fi les allarmes que le Roi de Pruffe veut leur donner, leur avoient parus fondées? La Cour de Vienne eft donc pour ainfi dire la feule Puiffance, dont les forces puiffent dans la balance, former un contrepoids à celles que la ligue Proteftante peut aujourd'hui faire mouvoir quand elle le voudra.

Mais les Etats de la Maifon d'Autriche trop éloignés les uns des autres ne divifent-ils pas néceffairement fes forces? Les troupes qu'elle peut faire agir, auront-elles jamais cette activité rapide que donne aux fiennes, dans un pays moins étendu, un Prince qui s'étend, frappe & écrafe avant même que l'on ait pû conjecturer fes projets? La Cour de Vienne en peut-elle former aucun, qui ne foit apperçu long-tems avant que l'exécution en foit préparée? Les marches de fes troupes des Pays-Bas en Allemagne, & d'Italie en Bohême n'exigent-elles pas des paffages, dont les Puiffances intermé-

diai-

diaires ne manqueroient jamais de lui demander le motif, fi quelque indice annonçoit un plan deſtructeur de la Religion Evangélique? Réuniſſons contre la Maiſon d'Autriche qui feroit feule, dès qu'elle auroit formé le deſſein d'opprimer, réuniſſons & les forces du Roi de Pruſſe dont l'Europe connoît aujourd'hui la valeur, & les tréſors de l'Angleterre toujours diſtribués par les mains de l'Electeur de Hanovre, & les troupes que ce Prince peut fournir : ajoutons-y les Heſſois, la Saxe, le premier des Etats Proteſtans, qui aujourd'hui opprimé par le prétendu Défenſeur de la Religion Evangélique, feroit alors excité par ſa Religion en péril & lié par ſes ſermens : joignons-y encore tant d'autres Etats Proteſtans, qui pour cette fois n'ont point été trompés par la Cour de Berlin, mais qui ſe réuniroient à elle, fi la Religion étoit menacée, & jugons de l'inutilité des efforts qu'oſeroit tenter la Cour de Vienne contre tant d'adverſaires puiſſans, dont elle ſe feroit autant d'ennemis irréconciliables, fi elle attaquoit le culte des peuples.

Soutiendroit-elle feule ce choc redoutable? De qui cependant, imploreroit-elle le ſecours? Les Etats Catholiques d'Allemagne ne ſentiroient-ils pas les premiers, que la Religion ne pouvant fournir un motif pour opprimer, leur propre intérêt les oblige à demeurer neutres & à ne point favoriſer des entrepriſes dont ils

pour-

pourroient par la suite devenir eux-mêmes les victimes? La France à qui il importe de ne plus laisser affoiblir la Maison d'Autriche, a t'elle donc intérêt de lui faire recouvrer ce pouvoir formidable, auquel le Cardinal de Richelieu crut devoir donner des entraves? Supposera-t-on que la Suéde puisse trahir ses sermens & abandonner sa Religion? Et la Russie doit-elle travailler à détruire cette ligue qui, dans l'Empire Germanique, peut lui servir à elle-même de rempart?

Oui, tous les Souverains de l'Europe auroient intérêt de défendre les Princes Protestans d'Allemagne, s'il étoit possible que la Cour de Vienne formât le projet de les subjuguer. Mais dans ce cas-là, la Maison d'Autriche n'auroit elle même à craindre qu'une défense qui rendroit ses vûes inutiles? De nouvelles pertes ne puniroient-elles point des tentatives injustes & l'infraction des loix les plus sacrées?

Tel est, l'état de l'Allemagne, tel est l'intérêt de ses Princes, telles sont les ressources promptes & puissantes qu'ils trouveroient, si l'Impératrice, qui travaille à les rassurer par sa modération, leur inspiroit de nouvelles allarmes par son ambition. Ainsi, si les Ecrivains Prussiens en sont crûs, il sera vrai de dire que la Cour de Vienne, qui, selon eux, en veut à la liberté des peuples, veut pour les encourager à la défendre, commencer par leur arracher
leur

leur Religion. Ce sera peu pour l'Impératrice d'exciter leur haine en les dépouillant de leurs droits, il faut par prudence commencer par les avertir de ce projet, il faut leur fournir des motifs de fureur en détruisant leur culte. Quelle étrange politique, ces hommes d'État si éclairés prêtent-ils donc aux Ministres de Vienne, qu'ils nous dépeignent comme si artificieux ? Ce Conseil dont on prétend que l'Europe doit craindre les démarches souterraines, seroit assurément bien mal-à-droit, s'il avoit enfanté le système qu'on lui suppose.

Voilà pourtant ce que l'on a vû clairement à Berlin : voilà ce que certifient toutes les Excellences Prussiennes dans les différentes Cours où elles résident. Il faut avouer que ces Messieurs ont des vûes bien supérieurs ; car en vérité ils apperçoivent des choses dont qui que ce soit ne s'est douté jusqu'ici.

Mais non, ils ne les voient point. Ils débitent ce qu'ils ne croient point eux-mêmes. Ils parlent pour le peuple, & où les hommes ne sont-ils pas plus ou moins peuple ? Ils ressemblent à ces gens qui haranguent dans les rues, & qui le soir se mocquent en secret des succès de leur éloquence.

Pour moi, si je venois jamais à prêter à la Maison d'Autriche les vûes ambitieuses dont on l'accuse, je ferois un raisonnement entièrement opposé à celui que les Ministres Prussiens présensentent sous tant de faces. Je dirois: La Cour de Vienne veut envahir; mais certainement elle n'a aucun projet de convertir. Donc elle cachera ses vûes sous les apparences de la plus parfaite modération. Que lui fait la diversité des cultes qui partagent l'Allemagne? Est-il bien important pour elle d'éclairer les esprits sur les dogmes qu'ils doivent croire? L'Impératrice du haut de son Thrône, aspire-t'elle à la direction des ames? Est-ce au Ciel qu'elle veut conduire tous les peuples sur lesquels elle veut usurper une injuste domination? C'est un soin dont Dieu ne l'a point chargée, & qu'elle laisse aux Ministres auxquels il a confié son autorité sur les ames. De-là je conclus qu'avant que de conquérir des Provinces, elle voudra commencer par gagner les esprits. Elle ne peut subjuguer chaque Etat que l'un après l'autre; donc elle se gardera bien d'attaquer un intérêt qui les réuniroit tous. Elle imitera les Romains, qui lorsqu'ils vouloient ajouter le Royaume d'un petit Souverain aux immenses possessions de la Republique, ne commençoient point par heurter les préjugés de la nation, & qui lorsqu'ils l'avoient soumise, loin de lui enlever le culte de ses Dieux, lui laissoient meme son gouvernement & ses loix. L'Impératrice imaginera donc différens prétextes d'invasion, mais elle respectera la Religion des pays où elle ne cherchera que de nouveaux sujets. Elle accordera

mé-

même à ce culte qui n'eſt point le ſien, les priviléges les plus étendus; on aimera ſon gouvernement; ſon joug ſoumettra les peuples, mais
ne les irritera point. On ne le portera ſans
chercher à le briſer, & il ne commencera
quelque jour à s'appeſantir, que lorſqu'il ſera
impoſſible de s'y ſouſtraire.

J'avoue, qu'en liſant les écrits Anglois &
Pruſſiens deſtinés à jetter l'épouvante parmi les
Proteſtans, j'ai été d'abord étonné que leurs
auteurs n'aient pas choiſi ce plan. Il s'accordoit du moins avec le ſyſtême de modération,
qui depuis long-tems paroît être celui de la
Cour de Vienne; mais aprés tout, dès que ces
Meſſieurs alloient au même but, n'étoit-il pas
juſte qu'on les laiſſât maîtres de la route?

Cependant en refléchiſſant ſur le véritable objet que ſe propoſe le Roi de Pruſſe, on verra
qu'il eût été manqué en partie, ſi ſes Ecrivains
euſſent voulu rendre hommage à la vérité des
faits, & ſe contenter d'en tirer de fauſſes induc-
tions. Il ne s'agiſſoit pas tant de prouver que
l'Impératrice étoit ambitieuſe, que de remuer
les eſprits par quelques-uns de ces motifs qui
les emportent ſouvent ſans leur donner le tems
de refléchir.

„ Elle en veut à mes Etats : elle veut re-
„ couvrer ſa Siléſie. Si je n'entre bien vîte
„ en Bohême, ſi je ne détruis tout ce qui ſe
„ rencontrera ſur mon paſſage, fût-ce l'Etat

„ de

„ de mon Allié, je cours risque d'être attaqué
„ d'ici à deux ans ". Voilà ce que S. M. Pruffienne pouvoit dire; voilà ce qu'elle a dit d'a-
bord, & ce qu'elle a répété cent fois, toujours
avec des tournures nouvelles, accompagnées de
quelque citation peu fidéle de Grotius. Mais ce
Prince s'est apperçu qu'on ne le croyoit pas.
Bien des gens prenoient la liberté de lui répondre: „ Ne pouviez-vous attendre du moins
„ que ces projets fuffent un peu plus apparens?
„ Falloit-il commencer par faire des maux hor-
„ ribles à votre patrie dans la crainte, peut-être
„ imaginaire, d'une injuftice dont le projet,
„ fuivant vous-même, n'étoit point encore for-
„ ti du cabinet de Vienne? Ne pouviez-vous
„ par recourir aux loix de l'Empire? Si leur
„ fecours vous étoit refufé, ne deviez-vous pas
„ compter fur celui de vos Alliés, parmi lef-
„ quels la France elle-même tenoit le premier
„ rang? Prefque toute l'Europe eût été obligée
„ de fe liguer en votre faveur, fi l'Impératrice
„ eût eu l'imprudence de vous attaquer; & vous
„ avez mis prefque tous fes Princes contre vous
„ en précipitant vos démarches, en attaquant
„ brufquement une Puiffance, parce que vous
„ avez crû qu'elle vous regardoit d'un mauvais
„ œil; enfin en ruinant & en chaffant de fes
„ Etats un Electeur votre ami, qui ne vouloit
„ que la paix & vous offroit fes Places pour
„ sûreté.

4.

MEMOIRES
POUR SERVIR 'A
L'HISTOIRE
DE NOTRE TEMS.

4.

REFLEXIONS SUR LE PRETENDU DANGER QUE COURT LA RELIGION PROTESTANTE EN ALLEMAGNE.

Ue répondre à de pareils argumens? La froide raison ne se chargeoit point de les réfuter, elle reconnoissoit son insuffisance. Il a donc fallu se passer d'elle, & avoir recours à l'enthousiasme. Il a fallu frapper les imaginations, puisque l'on ne pouvoit convaincre ses esprits. On a crû pouvoir prendre le ton de ces défenseurs d'Israël qui protegoient de leur bouclier la Nation sainte contre les entreprises du profonateur Antiochus. Ecoutons les Prophétes de Berlin: tous les échos d'Angleterre vont leur répondre.

Prin-

Princes & peuples Proteſtans, on veut renverſer vos temples & établir l'idole du Papiſme ſur les débris de vos autels. Un de nos Princes vient de lui rendre hommage. Un Comte de l'Empire, quel horrible attentat! a eu la hardieſſe ſacrilege de faire conſtruire dans ſes Etats un Convent de Capucins. Pleurez, Tribus fideles, pleurez ſur les ruines de Jeruſalem. Ce n'eſt pas aſſez, armez-vous pour la défendre. Répandez votre ſang; verſez celui des profanateurs. La liberté de vos conſciences, le maintien de votre Religion ſont à ce prix.

Voilà l'équivalent des graves exhortations que l'on fait à tous les Proteſtans d'Allemagne. Leur préſente-t-on des faits? Non, ils ſeroient ſujets à contradiction; mais le peuple ne réplique point à de grands mots débités avec enthouſiaſme par un Miniſtre dont on a payé le zèle ou perſuadé la crédulité. Les femmes de bien pleurent ſur le danger de la Religion, les vieillards levent les mains au ciel, les enfans maudiſſent les armées de l'Impératrice & de la France.

Que le Roi de Pruſſe y prenne garde. L'enthouſiaſme doit produire un effet violent, ſubit & rapide; s'il laiſſe à la multitude le tems de la refléxion, il devient ridicule & n'excite que le mépris: le fanatiſme eſt une ivreſſe dont il faut profiter dans le moment. Après tout, ce ne

ne

ne font point des femmes, des enfans, des Miniftres que Sa Majefté Pruffienne doit mener au combat. Ces braves Allemands, auxquels elle veut faire prendre les armes, ont le fens droit, la tête repofée, une méditation froide, & des connoiffances plus étendues que l'on ne penfe. C'eft à eux que je m'adreffe, & je leur demande ce que gagneroit la Cour de Vienne à les perfécuter, parce qu'ils font Proteftans? Qu'ils lifent l'hiftoire, qu'ils fe rappellent les évenemens, qu'ils examinent l'état actuel de l'Allemagne, ils conviendront avec moi, que fi quelque ennemi de la Maifon d'Autriche, penfionné par la Cour de Berlin, s'introduifoit dans le Confeil de Vienne, il devroit employer fon éloquence à perfuader à l'Impératrice, qu'elle peut aujourd'hui marcher fur les pas de Charles-Quint & renouveller les tentatives de Ferdinand II.

En France la liberté du culte n'eft point comme en Allemagne autorifée par une loi publique. Le Roi Très-Chrétien eft le maître de ne permettre dans fes Etats que celui qu'il profeffe. C'eft un droit effentiel à la pleine Souveraineté. Il eft impoffible à celle-ci de gêner les confciences ; mais il lui eft libre de profcrire l'exercice public d'une Religion étrangere, comme il eft libre à tous les Princes d'Allemagne d'écarter de leurs Etats tout culte que les loix publiques n'ont pas permis. Si

les

les Empereurs Romains mériterent le nom de perfécuteurs, ce n'eft point en défendant le culte public du Chriftianifme; c'eft en voulant forcer leurs fujets chrétiens à rendre aux faux Dieux des adorations facriléges; & l'on ne dira jamais, que les Princes d'Allemagne perfécutent les Mahométans, quoiqu'ils foient fort éloignés de permettre à leurs fujets d'embraffer la Religion des Arabes, & de fe bâtir des Mofquées. Ainfi de ce que la France n'aurorife point dans fes Etats la profeffion extérieure de la Religion Proteftante, on ne peut point en conclure qu'elle foit une Puiffance perfécutrice. Or fi elle ne perfécute pas fes fujets Proteftans, quel motif pourroit jamais l'engager à méditer la ruine de la Religion Evangelique en Allemagne? Seroit-ce le fanatifme? Il commenceroit par exterminer ce qui l'environne. Seroit-ce la politique? Quelle raifon d'utilité pourroit déterminer la France à préparer la deftruction de fes propres Alliés, de ces Etats qui ne lui nuifent point, qui ne peuvent que la fervir, qu'elle a autrefois défendus contre l'oppreffion, & qu'il lui eft important de conferver comme une digue capable d'arrêter une Puiffance aujourd'hui fon Alliée, mais qui deviendroit bientôt fon ennemie, fi elle vouloit ufurper ou conquérir?

Je rougirois, de répondre plus au long aux imputations qui regardent le Miniftere François,

&

& il me suffira de vous démontrer dans la suite, que ses démarches & l'esprit qui paroît le guider, annoncent des principes bien différens de ceux qu'on lui suppose.   Loin d'allarmer les Etats Protestans d'Allemagne, ils doivent au contraire leur inspirer la plus entiere confiance & la plus parfaite sécurité: revenons à la Cour de Vienne.

Je crois avoir prouvé, & par l'expérience du passé, & par la connoissance du présent, que l'intérêt même de cette Puissance est de se conformer exactement aux loix de l'Empire, qui assurent la liberté de conscience & l'exercice paisible des trois Religions.

J'ai promis d'aller plus loin.   On ne peut trop insister sur un objet aussi intéressant pour l'Allemagne, & je ne quitterai point le phantôme dont on fait un épouvantail, qu'il n'ait disparu même aux yeux du vulgaire.

Joignons donc, à l'expérience du passé, les réfléxions que nous peuvent fournir les motifs même, que la Cour de Berlin prête à la Cour de Vienne.   Je procéde de bonne foi; je consens que l'on me réfute, si cela est possible. Du moins ne me niera-t-on pas ce dilemme. Je crois qu'il renferme une division exacte.

Ou l'Impératrice ne veut que se maintenir dans l'état où l'ont laissée les derniers Traités, ou elle veut augmenter son pouvoir.

d 3

Dans

Dans le premier cas toutes les allarmes font vaines, & les Orateurs que je combats ont inutilement prodigué leur éloquence.

Si au contraire l'Impératrice Reine a des vûes d'aggrandiffement : quel peut être leur but ? Quel objet fe propofe-t-elle? Quelle marche préfcrira-t-elle à fa fortune? La Cour de Berlin va nous répondre. 1. Elle veut faire l'aîné des Princes fes fils, Roi des Romains, & perpétuer l'Empire dans fa Maifon. 2. Elle veut augmenter fes Etats & fon crédit, au point de pouvoir un jour fe rendre maîtreffe de toutes les déliberations du Corps Germanique. 3. Par-là elle viendra à bout d'augmenter peu à peu les prérogatives de l'Empereur & lui acquerra le pouvoir de violer impunément les capitulations qui fixent fes droits. En eft-ce affez? Oui fans doute, à moins qu'on ne veuille encore l'accufer d'afpirer à la Monarchie univerfelle.

J'aurois l'honneur d'embaraffer l'Accufateur de la Cour de Vienne, fi je le fuppliois refpectueufement de produire, je ne dis pas des preuves authentiques, mais feulement quelques indices de ce plan odieux. Quiconque accufe doit être prêt à prouver. A la bonne-heure que l'on n'exige pas d'un Prince, qui a cent mille hommes bien armés, une preuve auffi complette, qu'on la demanderoit à un particulier, ou, fi l'on veut, à un petit Etat Germanique qui n'auroit pour lui que les loix.

Mais

Mais après tout, si ce Souverain qui a cent mille hommes leur commande d'attaquer la Puissance qu'il accuse, & ne justifie ses démarches
que par une plainte vague, ou tout au plus par
ces grands mots si rebatus, *cela est évident,
il est incontestable; tout l'univers connoît*, il ne
convaincra personne;   parce qu'une armée ex-
cellente pour détruire une ville ou pour gagner
une bataille, ne peut rien pour prouver un fait.
Delà je conclus, que quand avec de fausses
clefs on auroit dû se faire ouvrir le Cabinet de
Vienne, précaution qui a si bien réussi au Ministre Prussien, qui résidoit à Dresde, un Mémoire signé de M. le Comte de Kaunitz ou de
quelqu'autre Ministre Autrichien, prouveroit
plus en quatre mots, que tous les Manifestes
de Berlin en plus de cent pages, & toutes les
armées Prussiennes en dix campagnes.

Mais je ne veux point encore examiner ici
la conduite des Ministres de Vienne.   J'adopte
tout; je consens de me prêter aux visions les
moins raisonnables.   Je vous crois, Messieurs
les Prussiens: vous avez lû dans l'ame de l'Impératrice.

Elle fera donc d'abord élire Roi des Romains
le jeune Archiduc âgé de 17 ans.   Et pour lui
frayer le chemin vers cette dignité tant souhai-
tée, elle persécutera les Protestans, elle travail-
lera à les priver de leurs droits, de leur liberté,
de leur culte.

Com-

Combien de tems ces Meſſieurs donnent - ils à l'Impératrice pour exécuter ce rare projet? Eſt-ce l'ouvrage de dix ans ou celui de pluſieurs ſiécles? Ces faiſeurs d'horoſcope, qui voient de ſi loin, devroient avoir pouſſé juſques - là leurs calculs. L'Impératrice attendra - t - ellé pour propoſer au College Electoral d'aſſurer l'Empire à ſon Fils, que la Religion Proteſtante ſoit détruite en Allemagne, ou mêlera-t-elle cette propoſition aux efforts qu'elle fera contre la liberté du culte & la paix de la religion?

Le premier cas eſt une abſurdité, & la propoſition ne ſeroit pas faite de cent ans. Le ſecond ſuppoſeroit dans le Conſeil de Vienne la déraiſon la plus choquante: il ne ſe perſuadera jamais que pour réunir le ſuffrage des Princes d'Allemagne, il ſoit néceſſaire de commencer par les irriter. Il ne croira point que pour engager les Electeurs à donner leur ſuffrage à l'Archiduc, il ſoit prudent de leur annoncer une domination injuſte & des projets deſtructeurs.

J'ai toujours penſé, que la Puiſſance qui ſe trouve incommodée par les loix & qui ſouhaite de s'en débarraſſer, doit commencer par ſe juger elle-même & examiner ſi elle eſt aſſez forte pour les réduire en poudre. Si elle ne fait que les briſer, les éclats en ſont redoutables: ils tombent ſur la tête du prévaricateur & l'écraſent lui-même. Les débris de ces loix ſacrées ſe

raſ-

raſſemblent tôt ou tard. Tout concourt à les réunir, & malheur alors au bras téméraire qui leur a porté les premiers coups. L'Impératrice peut-elle d'un ſeul mot anéantir la religion Proteſtante en Allemagne? Son ſouffle fera-t-il diſparoître cette foule d'Etats qui comptent parmi leurs droits les plus chers, la double liberté que les Traités de Weſtphalie leur ont aſſurée? Qu'elle ſe hâte de tout exterminer: qu'elle frappe, & que les peuples n'aient pas le tems de ſe reconnoître. Qu'elle couronne ſon Fils ſur les ruines de la liberté & de la religion. Mais ſi ſes propres forces lui refuſent ce que les loix lui défendent, ſi la moindre entrepriſe contre des droits ſi précieux doit lui attirer une réſiſtance univerſelle, doit multiplier les écueils dans ſa route & creuſer des précipices ſous ſes pas; quel délire a jamais pû faire imaginer que pour le ſuccès d'un projet qui demande de l'union & du concert, elle veuille révolter l'Allemagne & diviſer ſes Princes, leur rendre odieuſe ſa Maiſon, exciter leurs craintes, réveiller leurs défiances, mettre enfin elle-même des obſtacles invincibles à une élection, qui eſt l'objet le plus cher à ſon ambition?

Inutilement nous repéte-t-on que la Maiſon d'Autriche ſe trouvant à la tête des Princes Catholiques; plus ceux-ci ſeront puiſſans en Allemagne, plus il y aura d'Etats intéreſſés à perpetuer ſon pouvoir. Cette objection n'eſt pas dictée par le zéle, elle eſt ſuggerée par la jalouſie. Prenons-y garde, dans la bouche de ceux qui la font, elle prouve, non que la Cour de Vienne veuille innover, mais qu'ils ont eux-mêmes intérêt de propoſer & d'exécuter des changemens.

La ligue Proteſtante en Allemagne eſt forte par ſes armes, puiſſante par ſes alliés, accrédi-tée par le poids que ſes Membres peuvent don-ner à leurs négociations; mais il lui manque une choſe: l'eſpérance de voir ſes Princes par-venir à l'Empire. On a diſputé beaucoup pour ſçavoir ſi un Souverain Proteſtant peut être élû Roi des Romains. Sur cette queſtion les opi-nions ont été partagées, & les Publiciſtes ont enfanté des volumes. Dans le fait: les Empe-reurs ont tous été Catholiques: un obſtacle réel s'oppoſe à l'élection des Proteſtans. De neuf Electeurs, ſept ſont Catholiques.

Ainſi, lorſque la Cour de Berlin s'écrie que plus le nombre des Proteſtans ſera petit, plus le crédit de la Maiſon d'Autriche augmentera; ce n'eſt point une crainte qu'elle manifeſte, c'eſt un chagrin qu'elle exhale. L'Electeur de Hanovre le partage avec elle, & il eſt vrai que pour ouvrir un chemin plus vaſte & plus facile à la fortune de ces deux Souverains, peut-être faudroit-il deux ou trois Electeurs Proteſtans de plus.

Mais

Mais ce n'eſt point l'Impératrice qui a formé la conſtitution Germanique : il ne s'agit pas de dreſſer le plan d'un nouveau gouvernement, il n'eſt queſtion que de maintenir l'ancien. Et ſi de l'aveu de ſes rivaux, Sa Majeſté Impériale n'a pas beſoin d'y rien changer pour fonder les eſpérances de ſa Maiſon, ſi le nombre des Electeurs Proteſtans n'eſt point un obſtacle aux vûes qu'on lui ſuppoſe ; pourquoi lui prêter des deſſeins dangereux, dont l'iſſue lui pourroit être funeſte, & dont le ſuccés même lui ſeroit inutile ?

Si donc quelque Puiſſance avoit intérêt d'innover en Allemagne rélativement à la Religion, ce ſeroient certainement les Electeurs de Brunſwich & de Brandebourg, & ſi l'intérêt des Princes ſuffit pour autoriſer les ſoupçons contre eux, ils ne peuvent tomber que ſur les Cours de Hanovre & de Berlin : je n'aime point à en hazarder de téméraires ; mais j'ai encore très-préſens quelques écrits Anglois dont on a pû voir l'extrait dans nos Gazettes, & dans leſquels on prétendoit prouver, de la meilleure foi du monde, que les Traités de Weſtphalie n'avoient formé qu'un tout très-imparfait, & qu'il falloit faire une réforme, je dirois preſque, une refonte générale du gouvernement Germanique.

Concluons de-là, que dans la bouche des Miniſtres de Berlin, craindre l'augmentation

du

du pouvoir des Catholiques ne signifie autre chose, si non souhaiter leur ruine. Ce n'est pas qu'on haïsse leur Religion : je n'imputerai à Sa Majesté Prussienne, ni superstition ni fanatisme; mais cette Religion peut former quelque obstacle à des projets cachés dont on se nourrit, & dont la perspective est peut-être une des premieres causes de tous les malheurs de l'Allemagne. *Inde iræ.*

Oui, si la Providence destine la Couronne des Romains au jeune Archiduc, soyons persuadé que l'Impératrice Reine ne devra point cet avantage à sa haine contre les Protestans. Jusqu'ici elle ne leur en a marqué aucune; la saine politique lui conseille au contraire de mériter leur confiance par sa modération, & leur amour par sa justice. Voilà désormais l'unique plan qui puisse réussir à la Maison d'Autriche, & c'est aussi celui qu'elle paroît vouloir suivre.

Je conseille donc aux Ecrivains Prussiens de retourner leur raisonnement; car comme il ne leur est pas possible de prouver que la Cour de Vienne veuille persécuter les Protestans pour perpétuer l'Empire dans la Maison d'Autriche; il vaut beaucoup mieux qu'ils soutiennent que l'Impératrice veut assurer la Couronne à son Fils, pour avoir ensuite le plaisir de persécuter à son aise la Religion Evangelique: ce sera toujours quelque chose, que d'avoir forcé ces Messieurs à changer de batteries. Je ne me

flatte

flatte point d'avoir déconcerté toute leur dialectique. Ils m'attendent sans doute avec des argumens plus décisifs, & je veux bien risquer encore quelques attaques. Que l'on m'avertisse quand on croira que j'en aurai assez dit sur cette matiere: On est juge des coups, que l'on daigne aussi regler la durée du combat.

On n'a pas besoin de m'exhorter à continuer l'espéce de dissertation que j'ai commencée: j'aime à insister sur un objet aussi utile. La guerre aura son terme. Les malheureuses querelles qui agitent l'Europe, & sur lesquelles on m'a habitué à refléchir, seront quelque jour oubliées, & mes Lettres auront le même sort. Mais que ne puis-je graver sur l'airain ces maximes de raison & d'équité, sans lesquelles il n'est point de saine politique? Les vérités que j'ai cherché à retracer sont de tous les tems & de tous les pays. Que ne puis-je augmenter encore le respect dû à la Religion Chrétienne, en prouvant qu'étrangere à tous les malheurs qui défolent l'humanité, elle a apporté sur la terre la paix & la justice; que loin d'être destructive de la Société, elle en est le plus ferme lien & le plus solide appui; que c'est elle enfin qui a réveillé dans tous les cœurs les principes du droit naturel que la barbarie des Conquérans ne cherchoit qu'à étouffer?

Mais la mauvaise foi de ses ennemis a toujours affecté de confondre avec les dogmes qu'elle

le enseigne & les loix qu'elle prescrit, les paf-
sions & les erreurs inséparablement attachées à
l'humanité. Plusieurs Chrétiens ont été super-
stitieux; l'impiété en a conclu que cette Religion si raisonnable, si noble, si sublime, n'é-
toit qu'un amas de superstitions grossieres.
Quelques Princes religieux ont été persécuteurs.
Donc le Christianisme apprend à persécuter :
conséquence aussi injuste qu'elle est fausse : mais
conséquence trop favorable à l'irréligion pour
qu'elle la laissât échapper.

J'ai donc eu raison de commencer par démontrer que rien n'étoit plus ennemi de la persécution que le Christianisme. C'est au caractere & non aux dogmes de Calvin que l'on
doit attribuer le supplice du Novateur Servet.
C'est aux préjugés d'un siécle ignorant, c'est
aux passions des Princes, c'est aux intrigues de
la politique & non aux maximes de la Religion,
que les Protestans doivent imputer les persécu-
tions qu'ils ont essuyées.

Mais si la Religion ne peut jamais être un
motif de renverser les loix, il ne restoit donc
plus qu'à examiner si l'ambition & la politique,
qui ne peuvent se la proposer pour but, pouvoient aujourd'hui l'employer comme moyen
ou comme prétexte.

Sous ce point de vûe, je crois avoir mis à
portée d'un chacun de juger du véritable inté-
ret de la Cour de Vienne. Jusqu'à présent il
me

me paroît prouvé, qu'un fyftême deftructeur de la Religion Evangélique porteroit les derniers coups au pouvoir de la Maifon d'Autriche.

Le défir naturel que l'on peut fuppofer à l'Impératrice de procurer à fon fils la Coûronne des Romains, & de continuer la dignité Impériale dans fa Maifon, exige un plan de modération & d'impartialité totalement oppofé à celui qu'on l'accufe d'avoir formé. Avançons fur le plan que je me fuis tracé.

La deftruction de la Religion Proteftante en Allemagne peut elle être un moyen d'augmenter les Etats de la Maifon d'Autriche? Faciliteroit-elle aux Empereurs l'infraction des capitulations qu'ils ont jurées? Ce premier attentat les conduiroit-il à d'autres plus utiles à leur ambition ?

Ces queftions que j'ai divifées en les annonçant, peuvent ici fe réunir. Car comme cette double entreprife naîtroit de la même caufe, fuppoferoit la même politique, exigeroit la concurrence des mêmes moyens; fi la perfécution qui tendroit à anéantir le Corps Evangélique ne peut favorifer l'une, il eft également fûr qu'elle ne pourra faciliter l'autre.

Que l'on prenne garde, qu'ici je fuppofe avec tout efprit raifonnable, que l'ambition feule veut envahir: ce n'eft point par des motifs de Religion qu'une Puiffance cherche à étendre fes frontieres ou à arrondir fes Etats.

D'a-

D'après cette observation, je demande aux politiques de Berlin, pourquoi cette ambition qui devore la Maison d'Autriche, en voudroit-elle davantage aux Etats Protestans qu'aux Catholiques? Quel attrait la porteroit à envahir ce qui appartient à l'Electeur de Brandebourg plûtôt que les possessions de la Maison de Baviere? Pourquoi supposer cette partialité dans une passion pour laquelle tout moyen d'acquerir est égal? Quel est le Prince guerrier, qui, voulant étendre sa domination aux dépens de ses voisins, a commencé par examiner ce que pensoient leurs Pasteurs, & leurs Théologiens? La superstition n'est point la foiblesse des Conquérans. L'augmentation de leur puissance flatte leur orgueil, les progrès de leur Religion n'échauffe point leur zèle. Ils renversent tout ce qui peut faire ombrage à leur grandeur; le culte que les peuples professent ne formant aucun obstacle à leurs projets, n'a rien à craindre de leur violence.

MEMOIRES
POUR SERVIR 'A
L'HISTOIRE
DE NOTRE TEMS,

5.

REFLEXIONS SUR LE PRETENDU DAN-GER QUE COURT LA RELIGION PROTESTANTE EN ALLE-MAGNE.

A Majesté Prussienne peut elle-même servir à justifier ce que j'avance. Ce Prince veut-il soulever les peuples, échauffer les esprits, réveiller les factions? Il caresse les Protestans & maltraite les Catholiques. Ne veut-il que conquérir ou dépouiller? Il se picque d'impartialité. La Saxe & la Bohême, les Etats du Duc de Mecklembourg & ceux de la Maison d'Autriche, les Catholiques & les Protestans, tout lui est égal.

Comment seroit-il donc possible de persuader au Corps Germanique, que la Maison d'Autriche ne voudroit augmenter ses posses-

c

sions

fions qu'aux dépens des Etats de la Confeſſion d'Ausbourg, & que ſon avidité ſe croiroit obligée de laiſſer en paix les Princes Catholiques? La Cour de Berlin ne peut prêter au Conſeil de Vienne que deux motifs. La Religion ou l'ambition. Or le premier ne prouve rien; je crois l'avoir démontré: le ſecond devroit également allarmer & les Catholiques & les Proteſtans. Le moyen dans l'un & l'autre cas, de rendre une guerre de Religion vraiſemblable!

Je conviens que ce raiſonnement tend moins à juſtifier la Cour de Vienne, qu'à faire voir le ridicule des reproches qu'on lui fait. Je ne veux actuellement pour ſa défenſe que prouver la déraiſon de ſes adverſaires.

Que le Roi de Pruſſe diſe donc tout ſimplement: „ Elle eſt ambitieuſe, elle veut aug„ menter ſa domination". S'il prouve ſa propoſition par des faits, il allarmera tous les Etats d'Allemagne ſans diſtinction de Secte ni de Religion, & tous ſes Princes ſeront intéreſſés à demeurer unis pour la défenſe de leur liberté & de leurs droits. Mais s'il continue de dire: „ Elle veut renverſer la Religion Evangelique, „ l'Aigle Autrichienne doit couvrir de ſes ailes „ les Etats Catholiques, & dévorer les peuples „ qui ſuivent la Confeſſion d'Ausbourg"; il ne perſuadera perſonne, & la paix faite, il rira lui-même des belles raiſons par leſquelles il aura voulu prouver cette prédiction.

At-

Attendez, répondra jusques-là le Ministre Pruſſien chargé de haranguer les Proteſtans à Ratisbonne: Il faut convenir que la politique & l'ambition ſont les premiers moteurs du Conſeil de Vienne. La Religion n'entre dans ſon plan que comme moyen. Or voici comment elle peut ſervir à ſes vûes. La Maiſon d'Autriche eſt aimée des Etats Catholiques. Ils ſont accoutumés à ſuivre aveuglément l'impulſion qu'elle leur donne. Les Proteſtans au contraire la craignent, la haïſſent. Donc la Cour de Vienne a intérêt de détruire ceux-ci. Pour y parvenir, elle doit de plus en plus travailler à s'attacher les Catholiques; profiter de l'eſpéce d'animoſité qui naît de la différence des partis. Lorſqu'à l'aide des Etats Catholiques elle aura réduit à rien le pouvoir de la Ligue Proteſtante, elle n'aura pas de grands efforts à faire, pour achever de ſe rendre l'arbitre du Corps Germanique; tous les ſuffrages lui ſeront acquis; ſa domination ſera pour jamais aſſurée.

Il me ſemble, que je prête à l'Orateur Pruſ- ſien un diſcours aſſez ſpécieux. Qu'il médite tant qu'il lui plaira; il ne fera que développer le raiſonnement que je viens de mettre dans ſa bouche; & ſi je le détruis, il ne lui reſtera plus rien à dire.

Pour qu'il n'ait point à ſe plaindre, je commence par ſuppoſer tout ce qui eſt en queſtion. Je veux que l'Impératrice trouve dans la Ligue

Pro-

Protestante le seul obstacle qui nuise à ses pro-jets. Doit-elle dès-là tenter de l'abattre ou de le détruire? Pour décider cette question, il faut moins examiner l'intérêt de l'Impératrice, que les moyens qu'elle a entre les mains: car s'il lui est impossible de détruire, il est impru-dent d'attaquer; à plus forte raison seroit-il in-sensé de le faire, si l'attaque même devoit dou-bler l'obstacle qu'elle voudroit renverser & for-tifier la barriere qu'elle auroit intérêt d'anéantir.

Je ne veux point revenir sur mes pas ni re-péter ce que j'ai dit precedement: il me suffira ici d'en faire l'application & d'y ajouter quel-ques refléxions.

Et d'abord quel est le Prince, quelle est la Société qui n'ait intérêt, qui ne désire même de détruire ou d'affoiblir tout ce qui s'oppose à l'augmentation de son crédit? Je compare tou-tes les Puissances de l'Europe à ces tourbillons, qui dans le monde de Descartes se pressent & se résistent mutuellement. Cette activité qui fait la vie des Etats, tend par elle-même à chas-ser & à vaincre tout ce qui l'arrête. Elle n'est réprimée que par la ré-action de l'Etat voisin.

Ainsi tant que les Sociétés humaines ne se-ront point gouvernées par des Anges, les Con-seils des Souverains regarderont comme la pre-miere maxime de leur politique, qu'il faut chercher à augmenter la force de la Société à laquelle ils président. Les bons Rois seront

ceux

ceux qui mettront pour bornes à ce désir naturel les regles de la justice, & qui ne chercheront à étendre le pouvoir de leur Etat, que par des moyens qui puissent être approuvés avant que de réussir. C'est cette noble émulation reglée par l'équité, qui, dans les Sociétés particulieres, fait les grands hommes, & dans la Société universelle, forme les grands Rois. Le même desir livré à lui-même, ou moderé par un cœur droit & par des vûes pures, produit, ou les usurpateurs qui sont le fléau de la terre, ou les justes & puissans Monarques, qui en sont l'admiration.

Le Prince même juste & moderé n'examine donc point s'il doit tendre à augmenter ses forces, il ne se propose que deux questions. Tel projet de s'aggrandir est-il juste dans ses moyens? Est-il possible dans son exécution? Le Monarque ambitieux & violent s'embarrasse peu de la premiere: mais s'il n'est pas insensé, il a grand soin d'examiner du moins la seconde.

Si le Conseil de Vienne est ennemi des loix & de la justice, il est du moins capable de combiner ses projets, d'en suivre dans l'avenir la marche & les progrès; & puisque j'ai démontré que le projet d'écraser la ligue Protestante est impossible sous quelque point de vûe qu'on l'envisage; il est non-seulement injuste, mais ridicule de vouloir persuader qu'il soit formé, tant que l'on ne pourra citer des faits qui annoncent cette tentative. c 3 Joig-

Joignons à ce que j'ai déja dit sur cet objet, une refléxion dont la solidité doit frapper tout esprit exempt de préjugé.

Je conçois fort bien qu'une Prince qui voudra intéresser à sa défense & attacher à sa fortune plusieurs Etats, qu'il seroit difficile de réunir par un motif de politique, cherchera à leur présenter un motif de Religion. Mais dans ce cas-là il leur persuadera que leur propre culte est en péril, & non qu'il faut détruire celui des autres peuples. S'il veut lui-même attaquer ou envahir, le prétexte de la Religion lui est inutile; car il ne peut alors s'en dire le Défenseur, & il seroit ridicule qu'il la donnât aux Etats qu'il veut s'attacher, comme un motif qui doive les déterminer à partager son injustice: en un mot, toute guerre que l'on veut donner pour guerre de Religion, ne suppose que la défense de celle-ci, défense nécessitée par un plan d'oppression clairement connu & annoncé par des entreprises.

Voyons le Roi de Prusse: s'il eut dit, „ Je „ vais m'emparer de la Saxe & entrer en Bohê- „ me. Unissez-vous à moi, vous tous qui „ avez juré de suivre la Confession d'Ausbourg. „ Il s'agit d'écraser, si nous le pouvons, nos „ Co-Etats Catholiques". Soyons sûr, qu'aucun Etat Protestant ne se fût ébranlé pour joindre ses forces aux siennes. Il n'a jusqu'ici persuadé personne. Il auroit fait pis: il auroit révolté tout le monde. Quel est donc le tort qu'il qu'il a été obligé de prendre? On m'attaque a-t-il dit; on a juré ma ruine. Pourquoi cette injustice? C'est que je suis le Défenseur du culte Protestant. C'est que je n'ai pas voulu souffrir l'oppression de mes freres. Si je suis terrassé, c'en est fait de leur Religion.

Ce qui seroit insensé pour Sa Majesté Prussienne le seroit également pour l'Impératrice Reine. Comment peut on supposer qu'elle veuille opprimer les Protestans, non en haine de leur Religion, mais pour agmenter le pouvoir de sa propre Maison, & supposer en même-tems que les Négociateurs qu'elle employera fassent goûter ce plan purement offensif, à tous les Etats Catholiques?

Par quelles raisons les Ministres de la Cour de Vienne pourroient-ils persuader à tous ses Alliés, de se prêter à des projets qu'il seroit nécessaire de leur présenter avec leur hideuse nudité? S'agit-il de former un plan d'invasion, de le faire goûter, d'engager des Etats libres à s'y prêter? Il n'est plus question d'alléguer des prétextes & de voiler son ambition. Il faut la montrer à découvert. Il faut s'exposer à l'ignominie de cette confidence aussi téméraire que dangereuse. Il faut trouver dans les Princes avec qui l'on traite, & le même fonds d'injustice, & le même intérêt qu'on ose leur avouer.

Or je défie les Prussiens avec tout le talent qu'ils ont pour imaginer des raisons & pour ar-

e 4

ranger

ranger des phrafes, de me dire par quel motif ou par quelle tournure les Miniftres Autrichiens pourroient colorer l'étrange propofition, qu'il s'agiroit de faire aux Etats Catholiques. Entreprendroient-ils de leur perfuader que la Religion doit leur mettre les armes à la main contre l'erreur des efprits? Le tems du fanatifme eft paffé, & l'Europe ne craint plus de Croifades. Leur donneroient-ils pour motif l'avantage qu'il y auroit à augmenter le pouvoir Impérial, ce pouvoir que les Catholiques & les Proteftans cherchent également à reftreindre dans de juftes bornes? Leur allégueroient-ils enfin qu'il eft important pour leur propre confervation d'anéantir tout ce qui en Allemagne ne penfe pas comme eux? Par-tout, je ne vois qu'abfurdités & inconféquences. Rien ne peut fervir de bafe à cette pitoyable négociation. Elle réveilleroit les craintes des Etats, elle doubleroit le nombre des ennemis de la Cour de Vienne, avant même qu'elle eût pû faire approuver la premiere démarche de fon plan.

Il eft donc impoffible qu'elle puiffe compter fur le fecours des Princes Catholiques, dès qu'elle leur propofera de donner atteinte aux priviléges des Etats Proteftans d'Allemagne, d'ufurper leurs domaines ou de détruire leurs droits. Ajoutons que ces droits font appuyés fur les mêmes loix, garantis par les mêmes capitulations qui ont affuré aux Etats Catholiques eux-mê-

mêmes leur liberté & leur supériorité territoriale. Or quel Prince seroit donc assez déraisonnable pour vouloir, de gaieté de cœur, donner atteinte à ses propres titres, & apprendre à la Maison d'Autriche que les capitulations des Empereurs peuvent être impunément violées ?

Si donc la Maison d'Autriche a pour projet de détruire, il faut qu'elle s'attende à agir seule. Dés-là que lui serviroit le prétexte de la Religion, sinon à embarasser son systême d'invasion, en la forçant à des ménagemens que l'ambition n'a jamais connus?

J'ai prouvé que l'ambition seule, & non la Religion, avoit allumé autrefois le feu des guerres civiles : il étoit nécessaire de prouver encore qu'en Allemagne, l'ambition de la Cour de Vienne décidée à envahir, seroit très-mal-adroite, si elle alléguoit des motifs de Religion.

Oui, dans l'Etat actuel où se trouve le Corps Germanique, en supposant l'esprit de parti aussi défiant qu'il le fût jamais, en admettant que tous les Princes Almands soient également susceptibles des allarmes que la Cour de Berlin voudroit leur inspirer, il n'y a qu'un seul moyen de réunir sous les mêmes drapeaux & par le même intérêt tous les Etats qui suivent le même culte ; c'est de leur persuader qu'on veut le détruire ; & c'est aussi ce qu'a voulu faire Sa Majesté Prussienne.

e 5   Or

Or on ne dira pas que l'Impératrice Reine ni ses Ministres aient jamais fait usage de cette petite ressource.

C'est le Roi de Prusse qui a commencé la guerre; il en convient: & comme il ne prouve les torts de la Cour de Vienne que par les projets cachés qu'il lui impute, il doit avouer du moins que l'Impératrice avoit beau jeu pour rejetter sur lui-même tout ce qu'a d'odieux le procédé d'un aggresseur. Si donc cette Princesse eût voulu, comme on le prétend, s'attacher les Catholiques, dans la vûe de les engager à seconder sa haine contre les Protestans, n'eût-elle pas pû crier elle-même que la Cour de Berlin ne vouloit se mettre à la tête de la Ligue Evangelique, que pour opprimer le parti opposé? N'eût-elle pas cherché à ranimer le feu des factions? qui l'empêchoit de vanter le zèle de ses ancêtres pour l'ancienne Religion, & de faire lire dans un avenir incertain l'oppression des peuples qui la professent? A-t-elle feint des terreurs? A-t-elle employé l'enthousiasme? A-t-elle invoqué d'autres loix que celles qui protègent la liberté politique des Princes d'Allemagne? Croit-on que si elle eût voulu échauffer l'imagination des Prêtres Catholiques, ceux-ci n'eussent pas sonné le tocsin aussi haut que les Ministres Luthériens? Il est donc vrai, que l'Impératrice a craint elle-même de voir dégénerer sa propre querelle en une guerre de Religion.

gion. Elle a vû le Roi de Pruſſe échauffer le
levain des Partis, elle en eût pû profiter, elle
s'eſt bien gardée de l'aigrir.

Je pourrois regarder avec raiſon cette conduite de l'Impératrice Reine comme une preuve certaine de la modération de ſes vûes, &
comme la réfutation la plus ſûre des reproches
qu'on lui a faits: mais quand on en concluroit
ſeulement qu'elle regarde comme impoſſible
& comme déraiſonnable ce plan de confédéra-
tion contre la Ligue Proteſtante, dont le Roi
de Pruſſe menace toute l'Allemagne, du moins
doit-on convenir que de pareilles menaces ne
peuvent effrayer.

Ainſi en ſuppoſant avec la Cour de Berlin,
que le Parti Evangélique fût un obſtacle aux
vûes d'agrandiſſement de la Cour de Vienne,
celle-ci ne pouvant ſe flatter de l'abbattre, doit
chercher à le gagner. Que les Ecrivains de Sa
Majeſté Pruſſienne changent donc encore de
ton: qu'ils faſſent craindre aux Proteſtans, non
les violences de la Maiſon d'Autriche, mais ſes
inſinuations; non ſes attaques, mais ſes bienfaits.

Juſqu'ici je me ſuis prêté à l'hypothèſe de
ſes ennemis: j'ai adopté le fait ſur lequel
eſt fondé le raiſonnement que je combats.
J'ai ſuppoſé que la Cour de Vienne, perpétuellement gênée par la Ligue Proteſtante,
avoit le plus grand intérêt, ou de la ren-
ver-

verfer à force ouverte, ou de la ruiner
fourdement.

Ne nous prevenons point ici, & cherchons
à voir un peu plus loin que le vulgaire. Oui,
la Ligue Proteftante eft un rempart contre l'ambition des Empereurs, rempart unique, &
peut-être néceffaire, tant que le Gouvernement
Germanique n'a point été affermi: aujourd'hui
qu'il l'eft, & que les Traités de Weftphalie, les
Recès de l'Empire, les Capitulations des Empereurs, l'intérêt commun de tous les Princes
rendent ce Gouvernement inébranlable. Per-
çons pour un moment la barriere que préfente
le Corps Evangélique; s'il s'éleve derriere elle
une digue beaucoup plus impénétrable, & dont
les forces feroient infiniment plus redoutables,
dès que la Religion ne formeroit plus de Partis,
je demande à tout politique raifonnable, quel fi
grand intérêt l'ambition de la Maifon d'Autriche pourroit trouver à détruire la Ligue Proteftante. Cette idée mérite la peine d'être dé-
veloppée.

J'ai déja diftingué les tems. J'ai fait appercevoir la différence qu'il y avoit entre le fiécle de
Charles V. & celui de Marie Therefe. Avant
les Traités de Weftphalie, la fupériorité territoriale des Etats de l'Empire n'étoit encore ni affez
univerfellement reconnue, ni affez folidement af-
fermie. Il reftoit, comme je l'ai dit, beaucoup

coup de prétentions aux Empereurs: leur politique confiftoit à faifir habilement les occafions de les faire-valoir.   Ainfi je regarde l'efpace qui s'eft écoulé depuis la paix publique jufqu'à Ferdinand III. comme le tems pendant lequel s'eft formé le Gouvernement Germanique actuel.   La paix publique en jetta les fondemens. Les Traités de Munfter & d'Ofnabruck mirent le comble à cet immortel édifice.

Dans cet intervalle, les Empereurs dont le pouvoir diminuoit infenfiblement, luttoient fans ceffe & contre l'ouvrage qui s'avançoit, & contre les ouvriers qui cherchoient à le conduire à fa perfection.   Ils eurent la mal-adreffe de dreffer eux-mêmes l'échaffaut qui fervit à fa conftruction, & cet échaffaut fut la querelle de Religion, querelle qui par fa nature eût dû être étrangere au Gouvernement, mais qui contribua beaucoup à le former, dès qu'on eût voulu s'en faire un moyen d'opprimer la liberté. Les Empereurs n'avoient voulu par-là que fe mettre au-deffus de l'édifice & en arrêter les progrès: les Princes de l'Empire furent plus habiles & plus forts; ils fe faifirent de cette machine imaginée pour favorifer le defpotifme, & s'en fervirent eux-mêmes pour mettre à fin l'ouvrage de la liberté.

Il eft donc conftruit cet admirable édifice, qui a coûté tant de travaux & de fang; il eft affermi fur des fondemens inébranlables.   Dès-

là

là l'échaffaut a dû tomber de lui-même, & c'est aussi ce qui est arrivé. Qu'on observe, que je parle ici des querelles, ou si l'on veut des guerres de Religion, & non de la Religion en elle-même. Celle-ci est restée ce qu'elle est par sa nature; grande, noble, sublime, raisonnable, compatible avec tous les Gouvernemens, propre à rendre toutes les Sociétés heureuses, & sanctifiant les devoirs du citoyen sans les altérer.

Mais quant à ces malheureuses divisions, quant à ces querelles sanglantes qui ont ravagé l'Allemagne, on ne les a point vûes renaître depuis les Traités de Westphalie. Les Partis subsistent. Quelques-uns de leurs Membres excitent des défiances, occasionnent des troubles passagers; mais aucun d'eux n'a pû encore exciter une guerre dont la Religion ait été l'unique ou même le principal prétexte.

Dans cet Etat, il est certain que l'échaffaut ne peut plus être nécessaire pour bâtir; car l'ouvrage est fait. Il n'est utile qu'à quiconque voudroit démolir. Soyons donc sûr, que tout Prince, tout Etat qui voudra le relever de terre, en rassembler les débris dispersés, aura des desseins funestes contre le corps de l'édifice. Parlons sans métaphore. Les querelles de Religion lui sont inutiles pour affermir le Gouvernement: donc s'il veut les réveiller, c'est qu'il cherche à l'altérer.

De-

De-là je conclus, que si la Cour de Vienne avoit des vûes pour changer le Gouvernement, si elle vouloit ménager des reſſources aux Empereurs pour ſe rendre peu à peu les maîtres abſolus, elle devroit bien ſe garder de ſouhaiter l'extinction totale de la Ligue Evangélique. J'entends par ce nom tous les Princes Proteſtans, en tant qu'ils croient avoir intérêt de ſe tenir unis pour la défenſe de leur Religion; car ces mêmes Souverains, comme Princes de l'Empire, ſont unis par l'intérêt général qu'ils ont à la défenſe des Loix.

La Ligue Proteſtante peut diſparoître de trois manieres. La premiere ſeroit l'invaſion de tous les Etats Proteſtans qui tomberoient au pouvoir d'un Souverain Catholique; la ſeconde, un changement de Religion, & le retour des Proteſtans à l'ancien culte; la troiſiéme ſeroit le cas, où tous les Princes de la Ligue Evangélique conſervant & leur liberté & leur Religion, ceſſeroient de ſe regarder comme un parti oppoſé aux Catholiques, & ſans prédilection de ſecte ni de culte dans toutes les affaires qui intéreſſent l'adminiſtration, n'enviſageroient que le maintien des Loix & du Gouvernement dans toutes les démarches qu'ils ſe propoſeroient.

De ces trois manieres de faire diſparoître le Parti Evangélique, la premiere eſt une chimere ridicule, que le Roi de Pruſſe ne fera jamais craindre à des eſprits raiſonnable : quant à la

ſe-

seconde, il n'a pas même essayé de la faire redouter : à l'égard de la troisiéme, il conviendra sans doute que cette façon d'anéantir la Ligue Protestante seroit le plus grand bien que l'on pût faire à l'Allemagne, & si l'Impératrice Reine avoit formé ce projet, le Corps Germanique, en y applaudissant, devroit inviter le Roi de Prusse lui-même à anéantir par les mêmes voies la Ligue Catholique.

Mais ce grand ouvrage si digne des vrais patriotes, seroit en même-tems le fléau de l'ambition & de la cupidité des Princes. Il n'y auroit alors qu'un seul Parti toujours armé pour la conservation des Loix, & ce Parti unique réuniroit toutes les factions que les ambitieux ne sçavent que trop bien séparer, pour le remuer plus facilement.

6.

REFLEXIONS SUR LE PRETENDU DANGER QUE COURT LA RELIGION PROTESTANTE EN ALLEMAGNE.

Ainsi cette barriere formée par une Ligue particuliere seroit détruite : mais la Ligue générale, la Ligue patriotique n'en seroit que plus redoutable aux projets d'agrandissement que pourroit former, soit la Maison d'Autriche, soit toute autre Puissance.

Le despotisme trouveroit-il alors plus de facilités pour s'établir ? La liberté auroit-elle moins de Défenseurs ? Les chefs de l'Empire auroient-ils plus de moyens d'usurper un pouvoir arbitraire ?

Non, & si les querelles de Religion étoient une fois oubliées, tous les esprits que cet in-

f   térêt

térêt partage, n'en auroient plus qu'un feul, celui du gouvernement politique: c'eft là celui qui peut faire marcher des armées, occuper des Négociateurs, dicter des Traités.

On examineroit les démarches des Empereurs dans le rapport qu'elles peuvent avoir à ce grand intérêt; le coup d'œil qui les jugeroit ou utiles ou dangereufes, en feroit plus jufte & plus sûr. Sous quel voile pourroient-ils alors déguifer leur ambition? Quel prétexte auroient-ils pour réunir ou pour divifer les factions? L'Allemagne ne feroit dans tous les tems, dans toutes les affaires, qu'un corps marchant vers un même but, attaché à un même objet, veillant pour la confervation des mêmes droits. L'attention de fes Membres ne feroit plus divifée, & au lieu que celui de fes Princes qui veut innover ou entreprendre, a ordinairement une partie de l'Allemagne pour lui, précifément parce que l'autre lui eft contraire; tout commencement d'altération dans le gouvernement, toute entreprife contre les Loix, ne paroîtroit que ce qu'elle eft en effet. On auroit jetté au feu le mafque qui peut encore la couvrir.

Dans cette hypothèfe, la Ligue Proteftante ne feroit plus ennemie de l'Empereur; mais les Catholiques ne feroient plus fes partifans; & comme dans une ariftocratie, il faut intriguer pour venir à bout de changer le gouvernement, on étoufferoit tout prétexte à l'intrigue; en

étant

ôtant le germe des conſpirations, & la liberté n'en ſeroit que plus invulnérable.

Et en effet, ſi l'on en croit les Miniſtres de la Cour de Berlin, la Maiſon d'Autriche, en attaquant les Proteſtans comme Proteſtans, doit être ſoutenue par tous les Etats Catholiques; au lieu que ſi elle étoit réduite à les àttaquer non comme Proteſtans, mais comme Etats de l'Empire, elle ſe feroit autant d'ennemis qu'il y a de Souverains dans l'Empire, ſans diſtinction de Parti ni de Religion.

J'ai donc eu raiſon de le dire : Dans l'état actuel de l'Allemagne, & ſon gouvernement étant une fois ſolidement affermi, la diverſité des partis, loin d'être un obſtacle qui s'oppoſe aux vûes du Prince ambitieux qui veut s'agrandir, eſt au contraire un moyen dont ſa politique funeſte peut ſe ſervir utilement. Son intérêt n'eſt point d'anéantir la Religion qui lui eſt étrangere, mais de l'employer pour parvenir à ſon but. Eſt-ce-là ce qu'on peut reprocher à la Cour de Vienne ? N'eſt-ce point au contraire la Puiſſance ſon ennemie qui depuis pluſieurs années n'a fait que trop d'uſage de cette malheureuſe politique ? Mais ſi l'ambition même de la Cour de Vienne n'exige pas l'anéantiſſement de la Religion Proteſtante, quel motif peut jamais faire craindre la perſécution ?

Je vais plus loin : eſt-il donc vrai que la Maiſon d'Autriche ait ſur les Catholiques ce

cré-

crédit énorme qu'on lui suppofe? Depuis quel tems & dans quelles archives a t-on trouvé les preuves de l'aveugle condefcendance de ceux-ci? Parcourons encore les hiftoires, & que l'on me montre, depuis les Traités de Weft-phalie, une feule guerre ou l'on aye vû tous les Etats Catholiques prendre parti pour la Cour de Vienne? J'ai vû les Princes & les Etats d'Al-lemagne, tantôt fe déclarer en fa faveur, tan-tôt fe réunir à la Puiffance fa rivale, felon que l'exigeoit tout autre intérêt que celui de la Re-ligion. La fituation des Etats, leurs préten-tions refpectives, la nature & le degré de leur ambition, la crainte que leur infpiroit un voi-fin inquiet, l'efpérance que leur préfentoit un Allié puiffant, voilà ce qui depuis un fiécle déterminoit les alliances & regloit les claufes des conventions. La Cour de Vienne tira-t-elle en 1674 plus de fecours des Princes Catho-liques que de l'Electeur de Brandebourg? Les Bavarois lui ont-ils été depuis plus attachés que les Hanovriens? La Hollande, l'Angleterre el-le-même, qui célébroit avec enthoufiafme, il y a quelques années, les louanges de l'Impéra-trice, comptoient-elles beaucoup alors fur le zèle des Catholiques? On a fouvent fait men-tion à la Diéte, des intérêts de la Religion: dans le fait elle n'a jamais fervi de motif, ni pour fe déclarer contre la Maifon d'Autriche, ni pour embraffer fon parti. C'eft pour la

pre-

premiere fois depuis le Traité d'Osnabruck, que l'on veut faire regarder la Cour de Vienne comme unie par l'intérêt le plus vif aux Catholiques, comme disposant de leurs forces, comme arbitre de leurs suffrages, en un mot comme méditant de concert avec eux la ruine des Protestans.

J'en ai peut-être trop dit, pour réfuter des accusations aussi destituées de vraisemblance. Que peuvent craindre les Protestans du système qui a uni les Cours de France & de Vienne par un Traité purement défensif, & dont les Traités de Westphalie ont été la base ? Si l'une d'elles vouloit les attaquer, l'autre seroit obligée à les défendre, & par les conventions qui la lient & par l'intérêt qui lui commande. Le plan d'oppression dont on accuse l'une & l'autre Puissance, seroit impossible dans son exécution, & loin d'être utile à l'agrandissement du Souverain assez injuste pour le suivre, il anéantiroit son crédit & le livreroit infailliblement au mépris & à la haine de toute l'Europe.

Il résulte de-là que la Cour de Berlin pour accréditer les allarmes qu'elle veut répandre, n'a plus qu'une ressource. C'est de produire des faits. Tant qu'elle voudra deviner les intentions des Puissances & bâtir sur de telles conjectures un système d'accusation, elle devra supposer du moins aux Ministres des différentes Cours, des vûes conformes, si non à la justice, du moins aux intérêts de leurs Maîtres.

Le

Le Roi de Prusse cite-t-il des faits? Ces faits sont-ils concluans & décisifs? C'est à l'examen de ces questions que j'aurois pû dès le commencement réduire l'espéce de controverse à laquelle je me suis engagé. Tout accusateur doit prouver ce qu'il avance, il le doit à plus forte raison, s'il s'agit de soulever les Membres de l'Empire contre leur Chef, s'il s'agit de commencer une guerre civile.

Ici, les Ecrivains Anglois & Prussiens, ou n'ont rien à dire, ou usent d'une étrange reticence. J'ai beau feuilleter leurs ouvrages: j'y trouve des déclamations véhémentes; pas une anecdote qui puisse autoriser un soupçon. L'on pense toucher à l'endroit le plus intéressant de mes Memoires. L'on s'imagine que je vais rappeller quelques histoires mieux arrangées que celle du Ministre devenu marche-pied, & que, si j'entreprenois de refuter quelques Fables, du moins l'on auroit le plaisir de les savoir. Hé bien, je n'ai pas même des fables à rappeller. Les adversaires que je combats sont de grands Vaticinateurs; ils lisent dans l'avenir, ils n'imaginent rien dans le tems présent. On rajeunira de vieux contes contre Louis XIV. On décriera la mémoire des ancêtres de l'Impératrice. On reportera aux tems malheureux, que je n'ai rappellés, que pour en faire la comparaison avéc le siécle où nous vivons. Qu'en conclura-t-on? Que la Religion Protestante

court

court de grands rifques ; comme fi l'Impératrice n'étoit pas, avant le Traité de Verfailles, ce qu'elle a été depuis, & comme fi, dans le tems où les Anglois & les Hanovriens étoient fes meilleurs amis, il n'étoit pas tout auffi vrai qu'il l'eft aujourd'hui, que Charles V & Ferdinand III avoient perfécuté les Proteftans.

Je ne veux pas cependant que l'on bâillie en lifant ces Memoires, & en attendant que j'examine avec un peu plus de foin les démarches connues de la Cour de Vienne, puifque la Cour de Berlin n'a rien de plus à nous dire fur fes découvertes ; je veux apprendre une anecdote qui peut mettre à portée de juger des difpofitions du miniftere de France.

Les François, ces redoutables ennemis de la Religion Luthérienne, ces Catholiques zélés jufqu'au fanatifme, étoient maîtres de la ville de Marbourg dans le Landgraviat de Heffe. Ils y avoient un hôpital, beaucoup de malades & de convalefcens, auxquels il étoit affez naturel qu'un Aumônier adminiftrât les fecours fpirituels. L'embarras étoit de fçavoir où l'on diroit la Meffe : il n'y avoit point de lieu commode, ni affez décent. Les Directeurs de l'hôpital entreprirent de former avec des planches une Chapelle qui devoit être détruite dès que l'hôpital auroit été tranfporté ailleurs. Ce deffein allarma le zèle délicat des Magiftrats de cette ville. On s'affemble ; la conftruction de

cette

cette cabane eſt regardée comme un attentat contre la liberté de conſcience. Peu s'en fallut que ces religieux Proteſtans ne criaſſent à l'idolatrie, tant eſt ſimple la foi de Meſſieurs les Magiſtrats de Heſſe. En un mot, il fut arrêté que l'on s'oppoſeroit à la conſtruction de l'édifice. Ces Meſſieurs vont donc trouver l'Officier François qui commandoit dans la Place. L'Orateur Heſſois fait valoir les priviléges des Proteſtans, repréſente vivement les ſuites de cette funeſte entrepriſe. Le peuple eſt allarmé: les Miniſtres en priere demandent au Ciel qu'il lui plaiſe de détourner cette profanation. Après avoir entendu la deſcription pathétique des pieuſes frayeurs de ces ames timorées, le Commandant harangué, harangua à ſon tour les Députés. Il leur repréſenta avec douceur qu'un Souverain qui s'eſt rendu maître d'un pays a le droit d'y procurer à ſes troupes l'exercice public de leur Religion; que ſi l'on diſoit la Meſſe dans une tente, on pouvoit également le célébrer ſous des aix de ſapin; qu'en accordant aux ſoldats de S. M. Tres-Chrétienne la facilité de l'entendre avec un peu plus de décence, on ne faiſoit aucun tort à la religion dominante du Landgraviat, & que l'on gênoit encore moins la liberté des ſujets de Son Alteſſe.

J'imagine que le Roi de Pruſſe eût trouvé lui-même ces raiſons excellentes; cependant elles ne calmerent point les ſcrupules de conſcience

science du Magistrat. Il insista. Il finit par demander que l'Officier Commandant en écrivît à la Cour, & que l'on attendit ses ordres. Tout cela fut accordé. On écrivit. Quelle fut la réponse de ce ministere impérieux qui a si peu d'égards pour la Religion Protestante? La voici.

La prétention de Messieurs les Magistrats de Marbourg n'est point fondée; mais il suffit qu'ils croient que la Chapelle dont il s'agit peut donner quelque atteinte aux priviléges de leur Religion, pour que le Roi veuille bien leur accorder leur demande. Loin de toucher aux droits des Protestans, il faut même respecter leurs préjugés. On cessera toute construction; on dira la Messe en secret, & dans une chambre de l'hôpital. Il faut apprendre à toute l'Allemagne que la France ne veut que maintenir les Loix de l'Empire & protéger toute espèce de liberté.

J'ai dit ci-dessus, que le Roi de Prusse auroit approuvé les raisons du Commandant François, mais je n'oserois assurer que dans une occasion du même genre, il eût montré la même modération que la Cour de France. Voilà pourtant ces persécuteurs des Protestans, voilà ces ennemis injustes & violens qui ont juré la ruine du culte Evangélique.

Après cet exposé, qui auroit crû que cette histoire devroit faire partie des griefs que les ennemis de la France exposent contre elle à

f 5

Ra-

Ratisbonne. J'ai vû dans une des dernieres Gazettes d'Utrecht un Mémoire lû à la Diéte de l'Empire, dans lequel la tentative du Commandant François est traitée d'attentât contre les Loix Germaniques. Si l'on en croit l'Auteur qui a composé cette belle Piéce, il s'agissoit non - seulement d'établir, dans les Etats de Hesse; le libre exercice de la Religion Catholique, mais de fermer tous les Temples Lutheriens.

J'admire en vérité avec quelle confiance on ose présenter à l'une des assemblées les plus respectables de l'univers, des contes ridicules, & dont, quiconque connoîtra le caractere François, peut attester l'imposture, avant même que d'avoir vérifié ce qui peut avoir donné lieu au mensonge. Pour moi, qui me suis fait une loi de n'alleguer aucun fait que je n'en eusse scrupuleusement examiné les preuves, je n'ai pas besoin de faire appercevoir le peu de vraisemblance de celui que la Hesse met au nombre des vexations qu'elle a souffertes: si toutes celles que quelques villes d'Allemagne prétendent avoir essuyées pendant qu'elles ont été au pouvoir de la France, ne sont pas mieux prouvées, les François ont bien fait de n'opposer à la calomnie que le silence & le mépris.

Quiconque a voyagé dans ce pays-ci, quiconque a vécu familierement avec les François, doit être bien étonné de ce zéle fougueux dont on les suppose transportés, dès qu'ils ont passé

la

la frontiére de leur pays. Je les vois ici, ces Militaires qui ont fait trembler la Religion Protestante en Allemagne; je vis avec eux: rien ne ressemble moins au Fanatisme que l'attachement qu'ils témoignent pour leur propre Religion. Celle des pays où l'on doit les envoyer, paroît leur être extrêmement indifférente. Ils demandent si les fourages y seront en abondance, si les denrées y seront à bon marché, quelles sont les Places dont on doit faire le siége, quelles troupes l'ennemi peut leur opposer; je n'en ai pas vu un seul s'informer si l'on disoit la Messe dans les Etats où ils doivent séjourner, & en vérité ces Messieurs ne sont pas assez passionnés pour les Curés Catholiques, pour être seulement soupçonnés de détester les Ministres Luthériens.

Quelle révolution subite se fait donc dans leurs esprits, dês qu'ils ont l'uniforme sur le dos? Quel enthousiasme échauffe si promptement leur imagination? Ici on sait beaucoup de gré à la plûpart d'entr'eux, lorsqu'ils laissent appercevoir qu'ils sont Chrétiens, & l'on veut qu'en Allemagne ils outrent le Catholicisme? Médiocrement dévots au Clergé de France, ils iront persécuter celui d'Allemagne, parce qu'il n'est pas soumis au Pape! Voilà d'étranges inconséquences. Quelque légereté que l'on suppose dans les têtes de ces Messieurs; je n'ai jamais vu que la guerre ait rendu leurs conscien-

ces

ces plus timorées. Je ne puis comprendre par quel motif un Colonel, qui dans Paris est peu curieux de liturgie, se piqueroit de regler celle des Etats de l'Empire. Non, Sa Majesté Prussienne qui connoît le Militaire François, ne le soupçonnera jamais d'une dévotion intolérante.

A l'égard du Ministére, le fait que j'ai cité, doit mettre à portée de juger combien il est éloigné de vouloir troubler les Allemands dans le libre exercice de leur Religion. Mais sans examiner ce qui se passe dans les pays où la nécessité de secourir les Princes de l'Empire oblige la France d'envoyer des troupes, dans quel tems la France montra-t-elle plus de modération & de tolérance qu'aujourd'hui ? Il y a eu jadis quelques loix pénales contre les Protestans. Je n'examine point si elles ont été fort utiles & à la France & à la Religion ; ce que je crois pouvoir assurer ; c'est qu'on ne les feroit point aujourd'hui telles qu'elles le furent alors. Mais ces loix, les execute-t-on avec rigueur ? A-t-on vû, sous le regne du Souverain qui gouverne la France, de malheureux citoyens dépouillés de leurs biens & chassés de leur pays pour cause de Religion ? Le Prince & ses Ministres ne se sont-ils pas toujours contentés de défendre tout culte étranger ? ont-ils interrogé la conscience des peuples ? & la loi publique qui prescrit dans ce pays-ci, l'uniformité du culte, a-t-elle donné lieu aux vexations arbitraires ?

res ? Celles-ci n'ont elles pas même été auſſi-
tôt réprimées qu'elles ont ont été clairement
apperçues ? Ce n'eſt pas eſſez. La juſtice &
l'humanité du Monarque n'a-t-elle pas arrêté
l'uſage même que l'on vouloit faire des ancien-
nes loix pénales, lorſque leur application indé-
finie eût pu troubler le repos & compromettre
l'état de ſes ſujets ? Qu'il me ſeroit facile de
prouver ce que j'avance par des exemples aſſez
récens ! Comment pourroit-on ſoupçonner la
France de vouloir réveiller la perſécution contre les Proteſtans, & promulguer de nouvelles
loix contre eux, lorſque l'on voit le Prince é-
couter avec bonté leurs réclamations reſpectueu-
ſes, & raſſurer leurs allarmes contre l'exécution
rigoureuſe des anciens Reglemens, à laquelle
les Compagnies dépoſitaires des loix, ſe croient
quelquefois obligées?

Quand je n'aurois pour preuve de ce que j'a-
vance, que le zèle même avec lequel les Proteſtans François ſe font un devoir de ſervir leur
Patrie, ce genre de témoignage ne ſauroit être
récuſé par les ennemis de la France même? Les
Anglois ont fait dans tous les tems tout ce qu'ils
ont pu pour réchauffer quelques vieilles ſemen-
ces de fanatiſme qu'ils ont cru trouver encore
répandues dans quelques Provinces. La plûpart de leurs libelles ont peint leurs efforts pour
y réuſſir, quelques-uns ont annoncé leurs eſpérances, aucun n'a oſé parler de leurs ſuccès.

Au-

Autrefois ils fecoururent la Rochelle malheu-
reufement révoltée cotre fon Roi : fous le dernier regne ils comptoient encore fur les mouvemens des Proteftans , lorfqu'ils hafarderent
une defcente au port de Cette.   Qu'ils fe pré-
fentent aujourd'hui devant la plus petite Place
Maritime des côtes de ce Royaume, & qu'on
mette les armes à la main de ces Proteftans,
qu'ils regardoient autrefois comme leurs freres
& leurs amis, l'Angleterre fe convaincra bientôt que par un heureux retour à la raifon, le
zèle du citoyen eft en France indépendant de la
différence des dogmes.   Elle connoîtra que s'il
y a encore des Proteftans dans certaines Provinces, c'eft leur faire injure que de les regarder
comme formant un parti feparé du refte du corps
politique : membres de la même fociété civile,
foumis aux mêmes loix, attachés par amour &
par devoir au même Souverain, ils n'ont d'autres ennemis que ceux de l'Etat, d'autre intérêt
que celui de la Patrie, d'autre zèle que celui de
tous leurs con - citoyens.   Les Anglois font les
maîtres de faire cette épreuve.   Ne l'ont - ils
point déja faite ?

Oui, il n'y a en France qu'une Partie, & graces aux fages précautions que prend le gouvernement, quand les opinions fe multiplieroient,
il n'y aura jamais qu'un Parti, celui de l'Etat.
Je fais encore que les Anglois ont ofé fe flatter
de voir renaître quelques divifions dans les efprits

de

de cette nation. Dans leur Isle, la moindre étincelle produit souvent un incendie ; & telle est la constitution & le temperament de leur corps politique, que le plus petit mal aux extrémités, peut en moins de rien gagner les parties nobles : je ne suis donc pas étonné que l'Angleterre ait voulu juger par ce qui se passe quelquefois chez elle de ce qui pouvoit arriver en France. On lisoit à Londres avec autant de joie que d'avidité tout ce que les Gazettes de Hollande publioient de ces terribles combats d'opinion qui agitoient les Théologiens François, disputes auxquelles il faut avouer aux Anglois, pour leur consolation, que beaucoup de femmes ont pris part. Ces débats pouvoient former des querelles, qui, vû le caractere des acteurs, n'eussent jamais été sanglantes. Mais la bonne police d'un Etat exige que le Gouvernement fasse taire même les querelles. Les Parlemens chargés de ce soin ont eu quelques débats avec le Clergé. A ce mot de *Parlement* les Anglois ont tressailli de joie. Ils ont conçu les plus hautes espérances. Ils connoissent peu les corps qui portent ici ce nom, qui en Angleterre fait quelquefois trembler le Souverain: & à l'aide de leurs télescopes ils ont vu en France deux énormes Colosses prêts à se briser l'un contre l'autre. Les amplificateurs de mon pays ont encore contribué à rendre les visions du Ministere Britannique plus douces & plus flatteuses. Moi qui voyois

les

les choſes de près, & peut-être avec de meilleurs yeux, je riois, & du ton d'emphaſe de
nos Gazetiers, & de l'eſpoir auquel l'Angleterre ſe livroit ſi bonnement. Voilà, diſoit-elle,
des partis en France, voilà des héreſies qui re-
naiſſent, voilà les eſprits qui s'aigriſſent, les têtes qui s'échauffent.   Courage, citoyens, ſi
notre ami le Roi de Pruſſe vient à bout dans ce
moment-ci de perſuader à l'Europe que la France eſt une Puiſſance intolérante, s'il peut trouver le moyen de faire de ſa querelle une guerre
de Religion, tous les ennemis de la Catholicité,
tous ceux qui haïſſent ou qui redoutent l'autorité du Pape, ſeront nos partiſans déclarés ou
nos amis ſecrets.

MEMOIRES
POUR SERVIR 'A
L'HISTOIRE
DE NOTRE TEMS,

7.

REFLEXIONS SUR LE PRETENDU DANGER QUE COURT LA RELIGION PROTESTANTE EN ALLEMAGNE.

Qu'eſt-il arrivé? Ce beau rêve eſt évanoui: les Anglois les plus intéreſſés à perſuader que les Cours de Vienne & de France ont pour but d'exterminer tout ce qui ne reconnoît point l'autorité du Pape, commencent à douter du ſuccès de cette miſérable ruſe. Qu'eſpéreroient-ils encore? En France les Parlemens ne travaillent qu'à faire reſpecter l'autorité du Monarque; les Evêques ne prêchent que la ſoumiſſion à ſes loix, les diſputes de Religion ſe calment, & l'ardeur qui peut les accompagner, tombe peu à peu dans le mépris: l'autorité ne veut que maintenir l'ordre,

g &

& regarde comme au-deſſous d'elle de favoriſer des opinions: le Clergé donne avec joie
des ſubſides, les Proteſtans offrent de verſer
leur ſang pour la Patrie. Le moyen de perſuader à l'Europe que l'on ſe livre en France au
zèle perſécuteur! Le moyen de faire craindre aux
Proteſtans étrangers un plan d'oppreſſion qui ne
ſubſiſte que dans l'imagination des ennemis de
la tranquillité publique! Non, rien ne l'annonce en France, rien ne reſſemble moins au faux
zèle & à l'intolérance, que la conduite actuelle
des Miniſtres François.

Reſte donc à examiner la conduite du Miniſtere de Vienne. J'ai juſqu'ici parlé des motifs qui doivent le détourner des projets qu'on
lui impute. Voyons ſi ſes démarches ont pû
juſtifier les craintes que l'on voudroit ſemer.

Je prends d'abord la liberté de demander aux
Anglois dans quel tems ils ſe ſont apperçus de
ces entrepriſes ſourdes qui ont du annoncer le
renverſement des loix de la Religion en Allemagne. Que de changemens imprévus, que
de métamorphoſes ſubites il faut admettre pour
donner quelque couleur à leurs accuſations!

Rappellons les tems qui ont précédé les troubles dont l'Europe gémit. Ne remontons qu'à
la derniere guerre qui fut terminée par la paix
d'Aix-la-Chapelle. Qu'étoit l'Impératrice aux
yeux de l'Angleterre? Une Héroïne digne de
l'admiration de l'Univers; la Protectrice & l'appui

pui des loix Germaniques. On célébroit ses vertus avec enthousiasme, on se passionnoit pour sa cause jusqu'à la fureur. Les Poëtes l'élevoient jusqu'aux Cieux, les Orateurs la proposoient pour modele, les Particuliers vouloient que la Nation lui fit un don gratuit, les Dames de Londres vendoient leurs bijoux & s'engagoient à fournir à cette Princesse, l'honneur de leur sexe, une somme de cent mille livres sterling. L'Impératrice étoit-elle alors plus qu'elle ne l'est aujourd'hui l'amie & le soutien des Protestans? ou toute la nation Angloise étoit-elle indifférente sur un intérêt dont elle est actuellement si touchée?

Alors quelle idée avoit-on à Londres du Roi de Prusse? Il étoit allié de la France, & celle-ci étoit en guerre avec la Cour de Vienne: ces différens engagemens étoient la regle des divers jugemens d'un peuple si libre & si sage. Un Souverain ami des François, ne pouvoit être qu'un Prince sans foi, sans principes, & presque sans talens: & le moyen que l'on soupçonnât seulement d'ambition une Puissance, qui jusques-là avoit été regardée comme irréconciliable avec la France!

Ce Prince illustre auquel les Avocats Anglois érigent des statues sur la base desquelles ils auront sans doute fait graver *au Reformateur du Droit Public*, quand a-t-il mérité les titres flatteurs que lui prodiguent aujourd'hui tous les Mem-

bres

bres du Parlement ? Quand eft-il devenu aux yeux de Sa Majefté Britannique le Défenfeur de la Religion Proteftante ? Quand l'Impératrice Reine a-t-elle commencé à laiffer appercevoir à la pénétration des Anglois, ce fyftême d'op-preffion fi rédoutable au culte Evangélique ?

Tant que la Grande-Bretagne s'eft flattée de faire entrer la Cour de Vienne dans fes vûes, tant qu'elle a regardé le Roi de Pruffe comme l'allié naturel de la France, les opinions n'ont point changé en Angleterre. Même zèle pour la Maifon d'Autriche, égale animofité contre la Cour de Berlin.

Ne croyons pas, que fi l'Impératrice eût con-fenti à fervir la cupidité d'une nation qui croyoit pouvoir la tenir dans une d'épendance perpé-tuelle, cette Princeffe fût fur le champ tombée de ce haut rang d'eftime & de confidération dont elle avoit fans doute à s'applaudir ? Toute l'Europe a fçu les propofitions qui ont été fai-tes alors à la Cour de Vienne par les Miniftres de Londres ; foyons perfuadés que fi elles euffent été acceptées, le Salomon du Nord, le Défen-feur de la Religion, l'unique foutien du Corps Germanique feroit encore aux yeux du peuple Anglois l'ennemi des Loix & de la Juftice.

Cependant fi l'Impératrice eût eu alors les projets qu'on lui a imputés depuis, j'ofe le di-re avec confiance, elle eût du accepter l'allian-ce de l'Angleterre. Cette Puiffance pouvoit

lui

lui être plus utile que la France pour augmenter son pouvoir en Allemagne, pour dépouiller le Roi de Prusse & pour dominer le Corps Germanique.

1. Parce que l'Angleterre n'ayant pour but que d'usurper le commerce de toutes les autres Nations, doit regarder avec assez d'indifférence l'accroissement du pouvoir de la Maison d'Autriche. Quelques progrès qu'elle fît en Allemagne, elle ne deviendroit jamais une Puissance commerçante.

2. La France étant aujourd'hui la seule Puissance rivale dont la Grande - Bretagne ait à redouter les succès, plus la Maison d'Autriche sera en état de se faire craindre, plus l'Angleterre, en demeurant unie avec elle, sera sûre d'occuper, quand elle le voudra, ses ennemis naturels, & de les distraire du soin de leur marine & de l'intérêt de leur commerce.

3. La France au contraire doit toujours avoir un double point de vûe dans sa politique : elle doit également s'opposer, & au projet que l'Angleterre a formé d'envahir le commerce universel, & aux accroissemens trop rapides du pouvoir Autrichien. Cet Etat marche entre deux rivaux : il doit les observer tous les deux, & craindre également de se trouver trop pressé de l'un ou de l'autre.

Il résulte de là que l'ambition de la Cour de Vienne, si elle eût embrassé le vaste système

G 3 qu'on

qu'on lui prête, eut dû souhaiter l'alliance de la Cour de Londres, préférablement à celle de le France. Ajoutons à cela que l'éloignement des lieux, les différens intérêts des Etats Germaniques, qu'il faut traverser pour réunir les forces de la France & de l'Autriche, ne permettent pas à la premiere de fournir, ni à la seconde d'espérer des troupes bien nombreuses: l'argent des Anglois au contraire se fraye par-tout une route sûre & facile. Il ne craint aucun obstacle des Puissances intermédiaire, *Aurum per medios ire satellites & perrumpere amat Saxa.*

Quelle fausse politique auroit donc porté le Conseil de Vienne à se liguer avec la France pour l'exécution d'un plan opposé aux intérêts de celle-ci, & à refuser l'alliance de la Grande-Bretagne dont il eût pu même servir les vûes?

L'Angleterre a répondu à cette objection, mais avec tant de foiblesse qu'elle n'a encore persuadé qui que ce soit. Elle a dit: la Cour de Vienne ne demandoit pas mieux que de se liguer avec nous; mais elle vouloit qu'avant toute chose on lui promît de l'aider à dépouiller le Roi de Prusse: les Anglois étoient trop attachés à un Allié si fidéle, pour le sacrifier.

Sans parler ici de cet attachement si vif que l'Angleterre avoit voué au Roi de Prusse, & dont elle seroit fort embarassée d'indiquer les moindres preuves antérieures à l'alliance des Cours de Versailles & de Vienne, je demande, s'il est

bien

bien vraisemblable que celle-ci ait fait au Ministere Britannique cette étrange proposition.

Outre que c'étoit déceler trop manifestement un projet capable de révolter toutes les Puissances, l'Impératrice avoit-elle besoin de stipuler qu'il lui seroit permis d'attaquer le Roi de Prusse? n'étoit-il pas ridicule qu'elle allât demander à l'Angleterre le droit de faire la guerre à un Prince qui fût devenu l'ennemi des Anglois, aussi-tôt après la signature du Traité?

En effet, le but de l'Angleterre en réclamant l'assistance de la Cour de Vienne, & en concluant avec elle une nouvelle convention, étoit de l'obliger à attaquer la France. Or de ce moment le Roi de Prusse allié de celle-ci embrassoit sa defense, & cherchoit avec raison à occuper les forces de la Maison d'Autriche dans leurs propres Etats. Dès-là & sans aucune stipulation antérieure l'Impératrice fondoit sur la Silesie & exécutoit ses projets. Donc si elle avoit formé ce plan d'invasion, elle le remplissoit plus naturellement & plus sûrement en se liant avec l'Angleterre sans condition.

D'ailleurs, si la raison qui l'a empêchée d'accepter les propositions de l'Angleterre, a été le refus qu'on lui a fait de se prêter à l'oppression qu'elle méditoit, il faut donc supposer que la France aura agréé les mêmes stipulations que les Anglois prétendent avoir refusées. Or loin qu'il ait jamais été convenu entre les Cours de

France

France & de Vienne que celle-ci attaqueroit le Roi de Prusse, la guerre que ce Prince a excitée en Allemagne a été une puissante ressource pour le Ministere Britannique. Si la Maison d'Autriche se fût liguée avec les Anglois, elle eût attaqué la France. Le Roi de Prusse est devenu par l'évenement leur unique allié; il a attaqué la Maison d'Autriche pour obliger les François à une diversion que ceux-ci au contraire avoient voulu prévenir.

Donc toutes choses étant égales, & la France n'ayant pas plus d'envie que les Anglois de dépouiller le Roi de Prusse, l'Impératrice eût du choisir l'alliance de l'Angleterre, si son projet eut été d'augmenter son pouvoir en Allemagne aux dépens de la Cour de Berlin; vû sur-tout qu'un Traité avec l'Angleterre mettoit, comme je viens de le dire, la Cour de Vienne dans l'indispensable nécessité de tomber sur les Etats du Roi de Prusse; au lieu que si celui-ci eût voulu demeurer tranquille, le Traité que la Maison d'Autriche venoit de conclure avec la France, ne fournissoit pas le moindre prétexte de se brouiller avec qui que ce soit.

Concluons de tout ceci deux propositions importantes pour la matiere que je traite.

1. Les grandes clameurs que l'Angleterre & la Prusse ont voulu exciter contre l'Impératrice, les reproches qu'on lui a faits de vouloir opprimer la Religion Protestante en Allemagne, ont

une

une époque postérieure au Traité de Versailles.
Donc ce sont de vaines récriminations qui ne
feront jamais aucune impression sur des esprits
judicieux. Ces plaintes ont prouvé la mauvaise humeur du Ministere Britannique & non des
allarmes réelles. Tout Prince d'Allemagne qui
prendra la peine de comparer ce que les Ecrivains Anglois publioient-il y a trois ans des
grandes qualités, de la droiture, de l'équité de
l'Impératrice, avec ce qu'ils disent aujourd'hui
de son ambition, de ses complots, de ses intrigues destructives de la liberté, appercevra
sans peine la véritable cause de tous ces reproches amers: il ne se persuadera point que les
projets de la Cour de Vienne aient changé du
blanc au noir dans un moment. Donc il aura
tout lieu de soupçonner la Cour d'Angleterre
de n'être pas de bonne foi. Il rira de ses déclamations pathétiques, traitera de chimere
toutes les terreurs qu'elle veut inspirer aux Protestans.

2. Cette alliance même que l'Impératrice a
conclue avec la France est une preuve que cette
Princesse n'a jamais eu pour but, ni d'entamer
une guerre avec le Roi de Prusse, ni d'envahir
aucun des Etats Protestans. Une des conventions qu'elle faisoit avec le Roi Très-Chrétien
étoit de ne prendre aucune part à la guerre qu'il
soutenoit alors contre les Anglois: donc le Roi
de Prusse allié très-recent de ceux-ci pouvoit

aussi

auſſi demeurer paiſible ſpectateur de la querelle. Donc l'Impératrice que l'on accuſe d'avoir ſouhaité la rupture, n'avoit aucune occaſion de la provoquer. Donc elle ne l'avoit pas cherchée dans le Traité. Celui qu'elle eût pû conclure avec l'Angleterre, l'eût au contraire rendue indiſpenſable. Donc en choiſiſſant l'alliance de la France elle a annoncé ſes vûes pacifiques; il eſt ridicule de ſoutenir que pour troubler le repos de l'Allemagne, il lui fût néceſſaire de ſe lier avec une Puiſſance pour qui il étoit extrêmement intéreſſant que le Corps Germanique demeurât tranquille.

Donc, ſoit que l'on conſidere l'époque des plaintes de l'Angleterre, ſoit que l'on faſſe attention aux démarches de l'Impératrice qui ont précédé la guerre, on ne peut l'accuſer d'avoir voulu écraſer les Etats Proteſtans.

Mais cette guerre même comment ſe fait-elle? Comparons ici les démarches des deux Puiſſances ennemies.

Le Roi de Pruſſe attaque, envahit, ravage. L'Impératrice ſe défend, implore le ſecours de ſes alliés, cherche à réunir ſes troupes.

On ne dira pas que le motif ou le prétexte de l'invaſion, ou la néceſſité qui a forcé la Maiſon d'Autriche à prendre les armes, aient rien qui reſſemble à ces idées de fanatiſme qui ont quelquefois échauffé l'imagination des peuples. Au mois de Septembre 1756. aucune Puiſſan-

ce

ce n'eût pu deviner que sept ou huit mois après, le Roi de Prusse gemiroit sur les dangers de la Religion, & la recommanderoit aux prieres des Ministres.

Sur qui en effet ont tombé les premiers coups? Sur le chef même de la Ligue Evangélique: sur un Etat dont la Religion dominante est la Confession d'Ausbourg. C'est ce Souverain qui a été chassé de son pays; dépouillé de son pouvoir, privé de ses revenus. C'est ce pays qui a été ruiné par des contributions, dépeuplé par des recrues forcées, écrasé par des vexations de toute espéce.

Quel est au contraire le Prince Protestant qui ait pu se plaindre d'avoir été attaqué par l'Impératrice Reine? Quelle est la ville Luthérienne dont elle ait détruit les Temples, & où elle ait voulu imposer des loix nouvelles?

Une guerre peut être regardée comme guerre de Religion ou dans sa cause ou dans ses effets. Celle que soutient la Cour de Vienne a pour cause une défense nécessaire & légitime, & l'on peut défier la Cour de Berlin d'indiquer aucun des Etats Evangéliques auquel les effets de cette défense aient été préjudiciables.

Le Roi de Prusse a menacé de sa colere tous les Princes de l'Empire qui oseroient opiner contre lui à la Diéte; & dans un pays gouverné par des loix fixes, il a osé déclarer que quiconque entreprendroit d'opposer leur frein à ses

vio-

violences, deviendroit la victime de celles-ci. La Cour de Vienne a au contraire fait parler les loix; & c'est en faveur d'un Etat Protestant opprimé que l'Empereur a rappellé à tous les Membres du Corps Germanique les conventions sacrées qui les obligent à se secourir mutuellement.

Un autre Etat a été également vexé par les Prussiens, & c'est encore un Etat Protestant ; car par une fatalité singuliere, le nouveau Chef de la Ligue Evangélique n'a encore appesanti son bras que sur des pays dont il devroit se montrer le Protecteur pour remplir dignement la place qu'il veut usurper.

Le Duché de Mecklembourg situé sur les bords de la Mer Baltique entre le Duché de Holstein & la Pomeranie, a toujours fait partie de la République Germanique. Les Souverains de cette Province sont Membres de l'Empire, ils ont droit d'en réclamer les loix, ils vivent à l'abri de leur protection.

Comme ce pays est très-voisin des Etats Electoraux de Brandebourg, les prédécesseurs du Roi de Prusse n'ont négligé aucune occasion de se ménager des droits sur cette Souveraineté. Les Etats de ce Duché ont eu de tout tems des démêlés assez vifs avec leur Prince : Charles Léopold qui commença à regner en 1713, vexa sa Noblesse & ses peuples, & s'aida pour cela des troupes même de la Prusse. Les Etats s'adressedreſſerent à l'Empereur, qui en ſa qualité de Juge ſuprême de l'Empire, nomma des Commiſſaires auxquels fut remiſe par *interim* l'adminiſtration du Duché de Mecklembourg. Ces Commiſſaires qui étoient le Roi d'Angleterre, Georges I. & le Duc de Wolffenbuttel furent remplacés en 1728. par le Duc Chretien-Louis de Mecklembourg, frere du Duc alors regnant. Ce Prince privé du gouvernement de ſes Etats, dans lequel il ne pouvoit rentrer qu'en ſe ſoumettant aux Décrets du Chef de l'Empire, faiſoit retentir l'Allemagne de ſes plaintes, & crioit à la vexation, quoique les procédures de la Chambre Impériale euſſent été très-régulieres. Il imploroit en particulier le ſecours du Roi de Pruſſe ſon allié. Que lui répondoit celui-ci? ,, Sa Majeſté ne peut ni conſeiller, ni ,, ſecourir S. A. S. que conformément aux Conſtitutions de l'Empire. S. A. S. doit profiter ,, de cette occaſion pour ſe tirer d'embarras & ,, ſe rétablir dans ſon ancienne tranquillité en ,, ſe ſoumettant aux Décrets Impériaux, & re-,, courant à *la clemence paternelle* de Sa Majeſté ,, Impériale. . . . Ce que Sa Majeſté Impé-,, riale a fait nous paroît juſte, néceſſaire, & ,, en général *convenable à la dignité de Souve-,, rain juge de l'Empire.* Pendant ce tems-là ce même Prince non content de rendre cet hommage à la Juriſdiction Impériale, acceptoit la commiſſion d'établir une nouvelle forme d'admiminiſtration dans les Etats de Mecklembourg, & publioit une ample déduction des droits qu'il avoit à la ſucceſſion de ce Duché.

Ce que je ne dois pas oublier, c'eſt que dans un Reſcrit Impérial qui fut alors adreſſé au Roi de Pruſſe, & qui eſt datté du 13 Août 1729, l'Empereur ſe plaint des enrollemens illicites & forcés que des Officiers Pruſſiens avoient faits dans les Etats dont ils euſſent dû être les protecteurs. *Nous eſperons, dit l'Empereur, que vous n'aurez pas ordonné & que vous déſaprouverez ces enrollemens violens ſi contraires aux loix de l'Empire & aux droits particuliers du Mecklembourg . . . . . Nous ne doutons pas que vous n'en preniez connoiſſance avec toute la ſiverité que vous devez, & que vous ne procediez aux recherches & à la punition convenable . . . afin que ce païs ne ſoit pas opprimé contre le contenu de nos Decrets & des Conſtitutions de l'Empire.*

Paſſons cette digreſſion, elle m'a paru néceſſaire pour faire appercevoir, combien la conduite des Princes varie ſuivant leurs intérêts & les circonſtances.

Les troubles du Mecklembourg ſont appaiſés depuis long-tems. Le Duc actuellement regnant eſt en paiſible poſſeſſion du gouvernement de ſes Etats. C'eſt un Prince Proteſtant, c'eſt un des Membres de cette Ligue Evangélique dont le Roi de Pruſſe ſe dit le Défenſeur.

Quel

Quel motif a donc pû engager Sa Majesté Prussienne à commettre dans le Mecklembourg les hostilités les plus violentes ? Les troupes Prussiennes ne se font elles pas emparées des places de cet Etat ? N'y ont-elles pas levé & les revenus ordinaires du Prince & des contributions extraordinaires ? Le Duc de Mecklembourg obligé d'abandonner son pays n'a-t-il pat été forcé d'avoir recours à cette Jurisdiction Impériale, dont Frédéric II reconnoissoit les droits, & que Frédéric III méprise aujourd'hui ? Cette autorité du Souverain Juge de l'Empire ne sera-t-elle sûre de se faire obéir par la Cour de Berlin, que lorsqu'elle favorisera ses vûes secrettes ?

Comparons les vexations qui en dernier lieu se font commises à Rostock avec ces enrollemens forcés dont se plaignoit en 1729 le *Souverain Juge de l'Empire*, & qu'il exhortoit Sa Majesté Prussienne à punir si sévérement : alors cependant Frédéric II avoit dans le Duché de Mecklembourg un droit d'administration légitime : il y étoit chargé d'y représenter l'Empereur pendant que l'on instruisoit le procès du Duc Charles Léopold. Quel a été, je ne dis pas le droit, mais le prétexte de Frédéric III ? Comment les troupes Prussiennes qui étoient entrées

dans

dans Roſtock ont - elles oſé ſe jetter dans les
maiſons des particuliers, y enlever les enfans à leurs parens, entraîner même les
peres de famille : en un mot forcer le fer
à la main les ſujets d'une Puiſſance étrangere à porter les armes dans une guerre injuſte, à laquelle & leur propre Souverain
& le Chef de l'Empire leur avoient défendu
de prendre part ?

MEMOIRES

POUR SERVIR A

L'HISTOIRE

DE NOTRE TEMS,

8.

REFLEXIONS SUR LE PRETENDU DAN-GER QUE COURT LA RELIGION PROTESTANTE EN ALLE-MAGNE.

Ci le prétexte même est une infraction des Loix. Le Duc de Mecklembourg étoit allié de la France; dit la Cour de Berlin, il avoit des liaisons avec des Puissances qui ne sont point amies du Roi de Prusse. Mais si ce prétexte suffit à la violence, c'en est fait de toutes les Loix Germaniques; puisqu'un Prince ambitieux regardera comme liés avec ses ennemis tous ceux qui refuseront de servir son injustice. D'ailleurs que deviennent les dispositions du Traité d'Osnabruck, cette convention sacrée qui assura aux Protestans leurs droits & leurs libertés. On ne peut trop

h

en

en rappeller les termes dans ces tems malheureux : *Que sur-tout,* dit l'article VIII de ce Traité, *chacun des Etats de l'Empire jouisse librement & à perpétuité du droit de faire entr'eux & AVEC LES ETRANGERS DES ALLIANCES POUR la conservation & la sûreté d'un chacun, pourvû néantmoins que ces sortes d'alliances ne soient ni contre l'Empereur & l'Empire, ni contre la paix publique . . . . & qu'elles se fassent sans préjudice en toutes choses du SERMENT dont chacun EST LIE' A l'EMPEREUR ET A l'EMPIRE.*

Or quelles alliances contraires à ce serment, le Duc de Mecklembourg a-t-il contractées ? N'est-il pas visible au contraire que ce Prince n'est maltraité que pour être demeuré fidéle à ses engagemens, & pour avoir respecté & les Constitutions de l'Empire & les droits de son Chef ?

Aux excès commis dans le Mecklembourg que l'on joigne tout ce qui s'est passé dans la Principauté d'Anhalt, & que les Politiques qui se piquent d'impartialité, jugent aujourd'hui entre la Cour de Vienne & celle de Berlin. Qu'ils décident de laquelle des deux Puissances les Protestans d'Allemagne ont le plus à craindre.

Opposons à ces violences & à ces injustices la conduite des troupes Autrichiennes & Françoises. Lisons la Capitulation des Places qui ont été prises par les unes ou par les autres.

Quand

Quand a-t-on refusé d'y stipuler & la liberté & les intérets de la Religion Protestante? Quand ces Capitulations ont-elles été violées? Quel est le Ministre Luthérien qui se soit plaint d'avoir été maltraité? Quel Temple a été fermé? Quel est l'Officier, soit François, soit Autrichien, qui ait voulu priver les habitans d'une Place conquise, du droit de se conformer au culte public & autorisé? Observons bien que dans le Mémoire présenté à Ratisbonne sur ce qui s'est passé à Marbourg, on n'accuse point le Commandant François d'avoir fait fermer les Temples. On dit seulement *qu'il l'a voulu*. Mais le Roi de Prusse n'a-t-il que *voulu* opprimer les Etats Protestans qui se sont trouvés à sa bienséance? N'a-t-il que *voulu* s'approprier les revenus des Princes de la Confession d'Ausbourg?

Mais, me dira-t-on, comment persuader à l'Allemagne que Sa Majesté Prussienne choisisse par préférence les Etats Protestans pour les dépouiller? N'a-t-il pas plus de raison de haïr les Catholiques & tout autant d'intérêt de les affoiblir? N'a-t-on pas vû que lorsqu'il s'est agi de contributions ou d'autres exactions violentes, il a cherché au contraire à appesantir le joug sur les Catholiques? Ne doit-on pas même remarquer que dans la derniere Capitulation de Schweidnitz, le seul article sur lequel l'Officier Général Prussien ait refusé de s'expliquer nette-

h 2

ment

ment est celui qui regarde l'Exercice de la Religion Romaine? Pourquoi soupçonner le Roi de Prusse de chercher à opprimer une ligue dont on avoue qu'il veut se rendre le chef?

Il ne faut imputer au Roi de Prusse ni fanatisme, ni superstition; j'en conviens, & quoique dans certaines occasions il témoigne le zèle le plus vif pour la Religion Protestante, & l'animosité la plus marquée contre les Catholiques, il n'aime pas plus les uns qu'il hait les autres. Partons de là, j'y consens.

Mais il veut se procurer un grand pouvoir en Allemagne, & il ne peut y atteindre qu'en se faisant chef de Parti. Donc il est de son intérêt, & il entre dans ses vûes de rendre les Catholiques odieux & de se faire suivre par les Protestans.

Mais la qualité de chef de Parti ne donne qu'un pouvoir passager; l'autorité diminue à mesure que les factions s'appaisent, & le Roi de Prusse voudra rendre sa puissance solide & durable. Donc il dira beaucoup de mal des Catholiques, mais il en fera beaucoup aux Protestans. En effet il n'est pas possible qu'il fasse par les armes la conquête des Etats qui demeureront liés au Chef de l'Empire, & qui se tiendront toujours en garde contre les accroissemens de ce pouvoir nouveau qui voudroit s'élever en Allemagne. Les Princes Protestans au contraire commenceront par lui donner des droits sur

eux-

eux-mêmes. Il se dira leur Protecteur, & peu
à peu il deviendra leur maître. S'il est une fois
déclaré chef de la Ligue, si sans être reconnu
sous cette qualité, il exerce tout le pouvoir
qu'elle exige, comment osera-t-on lui refuser
dans la suite & des recrues & des subsides? Ne
criera-t-il pas alors à l'ingratitude, presque même à la félonie? Avec le pouvoir qu'il a déja,
avec ce pouvoir qui s'augmente tous les jours,
ne sera-t-il pas en état de prendre ce qu'on ne
voudra pas lui accorder? N'aura-t-il pas pour
éternel prétexte la nécessité de défendre la Ré-
ligion contre des attaques sourdes que sa pénétration seule aura apperçues? Chef de la Ligue
Evangélique, ne sera-t-il pas aussi le seul arbitre des démarches qu'elle devra faire, & des
secours dont elle aura besoin? Que l'on me
croye, les Etats Protestans seront bien-tôt opprimés, dès qu'ils auront à leur tête un chef du
caractere du Roi de Prusse, & en état d'avoir
toujours 100000 hommes sous les armes. Ce
pouvoir de punir, d'écraser même les Princes
Protestans qui ne veulent pas le laisser maître
de leurs troupes & de leurs trésors, l'on voit qu'il
l'exerce déja. Portons nos vûes plus loin, &
lisons dans l'avenir tout ce qu'il peut faire, si
les Etats Evangéliques le chargent de défendre
leur Religion, qui n'est point attaquée, & leurs
pays dont plusieurs sont si fort à sa bienséance.

h 3

Je

Je crois avoir préfenté le véritable intérêt qui doit les guider: je crois avoir détruit les vaines terreurs par lefquelles on voudroit les porter à s'enchaîner eux-mêmes au char de la Puiffance Pruffienne. La guerre qui s'eft allumée en Allemagne ne paffera jamais pour une guerre de Religion, foit que l'on confidere l'intérêt des Cours de France & de Vienne, foit que l'on faffe attention à leurs démarches. Le Roi de Pruffe a feul intérêt de renouveller le parti des Proteftans, & il faura faire taire fa voix lorfqu'il fera une fois leur Chef & leur Defpote. Il y a long-tems que l'on a vû pour la premiere fois que cette Puiffance n'avoit aucuns principes certains, & fe faifoit toujours des regles fuivant fes intérêts actuels. Je finirai par tranfcire ici ce que je trouve à ce fujet dans le tome III. des Actes & Mémoires des Négociations de la Paix de Nimégue, imprimés à Amfterdam en 1680 p. 120.

„ Ceux qui connoiffent les intérêts de plu-
„ fieurs Princes & Puiffances de l'Europe & qui
„ font informés des maximes par lefquelles
„ leurs Etats font gouvernés, foutiennent qu'il
„ faut bien prendre garde de ne point fortifier
„ le Brandebourg par aucune nouvelle conquê-
„ te, & que la moindre augmentation de gran-
„ deur le rendroit également dangereux à tous
„ ceux qui ont intérêt à cette guerre, même
„ des intérêts différens. Il ne faut pas être for-
„ cier

,, cier pour pénétrer dans ces fentimens ; car
,, pour peu que l'on fe rappelle les chofes paf-
,, fées, dans la mémoire, & que l'on faffe re-
,, flexion fur les préfentes, l'on trouvera qu'u-
,, ne Puiffance eft toujours à craindre, qui n'a
,, point d'intérêt reglé & avec laquelle il n'y a
,, point de mefures affurées à prendre. Elle
,, ne prend parti que pour s'accommoder au
,, tems ; & elle eft toujours prête à fuivre le
,, caprice du fort fans fe foucier des loix les plus
,, facrées, de fes alliances & de fes engage-
,, mens.

Par ceci l'on voit, qu'il y a en Politique des
vérités qui durent plus d'un fiécle.

En voila affez pour le préfent fur cette matiere. Voyons maintenant la fraglité de l'Alliance faite entre S. M. Britannique & le Roi de
Pruffe.

---

*Fragilité de l'Alliance faite entre S. M. Bri-
tannique & le Roi de Pruffe.*

Que ne dirois-je pas, s'il ne s'agiffoit que
d'apprécier les droits de l'humanité; ces droits
facrés que les Rois négligent quelquefois, mais
qui forment après tout la regle des jugemens
que la poftérité doit prononcer fur leur gloire?
Parcourons les tems paffés : aux fiécles de la barbarie, joignons l'âge du fanatifme; y trouvons
nous beaucoup de guerres qui puiffent être
comparées à celle qui défole aujourd'hui l'Al-

h 4

le-

lemagne? Une guerre commencée sans qu'aucune des Puissances qu'elle divise, se disputât la moindre Province; entreprise dans un tems où les Traités les plus clairs regloient leurs droits, où tout le monde les entendoit dans le même sens, où tous les Princes protestoient qu'ils ne vouloient que leur exécution, & où la Puissance qui la premiere a pris les armes, n'a pû alléguer que des soupçons vagues; c'est cette guerre, qui depuis deux ans a coûté neuf ou dix batailles meurtrieres, ruiné des pays fertiles, & réduit à la misere la plus extrême une multitude innombrable de malheureux citoyens.

Quelle main odieuse a semé ces discordes funestes? D'où part le poison qui a produit ce vertige destructeur? Quel ennemi du genre humain arma les uns contre les autres, des peuples qui n'ont rien à se disputer? Est-ce l'Angleterre qui a provoqué ces troubles? Est-ce le Roi de Prusse qui seul alluma le flambeau dont la flamme devore sa patrie? Malheur à la Puissance ambitieuse, contre laquelle le sang de plus de cent mille hommes demande aujourd'hui vangeance à l'Univers.

Je me suis flatté pendant quelque tems que l'hiver, qui ne fut jamais la saison des combats, verroit succéder au tumulte des armes des projets de pacification & des négociations capables de réunir les esprits. J'ai parlé autre part des vœux que faisoient pour la paix les Anglois

glois sincérement attachés à leur patrie. Je voyois avec joie naître entre Sa Majesté Britannique & le Roi de Prusse des sujets de mécontentement. On peut souhaiter la division des Princes, lorsqu'ils ne se sont unis que pour troubler l'harmonie, & que leur discorde peut ramener la tranquilité. L'Angleterre paroissoit plus disposée que jamais à reconnoître ses torts. Au moment qu'on s'y attendoit le moins le Ministere Britannique avoit renvoyé en France tous ces braves Officiers (*a*), qui pris en tems de paix sur les vaisseaux de Sa Majesté Très-Chrétienne, avoient jusques-là constamment refusé de tenir des loix de la guerre une liberté qu'elles ne leur avoient point ravie. Leur longue captivité cessoit enfin sans qu'ils se reconnussent prisonniers de l'Angleterre, & en brisant leurs fers sans leur imposer de loix, on avouoit l'injustice de la violence à laquelle ils avoient été forcés de céder. Alors le Roi de Prusse peu satisfait & de Londres & de Hanovre, exprimoit ses reproches dans les termes les plus amers. Sa Majesté Britannique se déchargeoit sur l'Angleterre du soin de remplir ses engagemens, & la nation Angloise ne laissoit point ignorer qu'elle ne se croyoit point irrévocable-

ment

h 5

______

(*a*) Le Vicomte de Bouville pris en 1755 avec le vaisseau de guerre l'Espérance qu'il commandoit, doit être nommé à leur tête. De pareils citoyens ne doivent point être oubliés.

ment obligée par des Traités dont elle ne pouvoit jamais tirer aucun avantage, & dont l'intérêt de Hanovre avoit seul dicté les stipulations.

Pendant ce tems, les troupes Autrichiennes
s'avançoient en Silésie. Les François libres de
l'obstacle que leur valeur avoit franchi, alloient, en délivrant la Saxe, annoncer à l'Empire
le rétablissement du bon ordre. Qui n'eût alors
conçu des espérances ? Qui n'eût imaginé que
les Cours de Londres & de Berlin peu satisfai-
tes l'une de l'autre, chercheroient chacune en
particulier à sortir du défilé, & que le Roi de
Prusse connoissant l'inutilité des secours dont il
s'étoit flatté, travailleroit enfin à se réconcilier
avec une Puissance qu'il n'a que trop irritée ?

Un événement imprévû en ralentissant le progrès des armes de la France, a ranimé l'ardeur
des ennemis du repos de l'Europe: les Cours de
Londres & de Berlin resserrent des nœuds qui
ne les unissoient plus que foiblement. Une
infidélité marquée doit être le signal & la preuve de l'intelligence qui se rétablit entr'eux. E-
coutons Sa Majesté Britannique: deux phrases
de la harangue qu'il a prononcée à l'ouverture
de son Parlement exposent son plan, & annoncent ses motifs.

*L'éclatante victoire qui vient d'être remportée
en Allemagne a donné aux affaires un tour favorable qu'il est DE NOTRE DEVOIR DE
METTRE A PROFIT. Songez que dans
cette*

cette conjoncture critique toute l'Europe a les yeux sur vous. Je dois vous recommander particulierement de SOUTENIR le Roi de Pruſſe mon bon Frere & mon Allié, en lui donnant l'aſſiſtance que méritent ſa magnanimité, ſon activité & ſon zèle pour la cauſe commune.

Je choiſis, le morceau le plus brillant de toute cette harangue, que j'aurai occaſion d'examiner une autrefois. Telle eſt la phraſe triumphante. Car pour tout le reſte du Diſcours, il eſt d'une ſinguliere modeſtie, & ſûrement la vanité n'en a point dicté l'exorde. Je trouve très-bien que l'Orateur n'ait pas laiſſé échapper cette occaſion d'inſerer dans ſes phraſes les mots pompeux *d'éclatante victoire*. Peut-être mériteroient-ils une petite note; je la garde pour un autre tems où je ſerai *hiſtorien*. Je ne veux être aujourd'hui qu'*Obſervateur*, & je ne rappelle à la harangue de Sa Majeſté Britannique, que pour y faire appercevoir la véritable cauſe d'un phénoméne qui a ſurpris ceux qui ont apprecié les Hanovriens, non ſur la conduite qu'ils tinrent en 1742, mais ſur les loix de l'honneur & ſur la regle de leur intérêt. Le Roi d'Angleterre, qui quoi qu'on en diſe, a les mêmes motifs & la même volonté que l'Electeur de Hanovre, va donc *mettre à profit* l'heureuſe ſituation dans laquelle ſe trouve aujourd'hui ſon bon frere & allié le Roi de Pruſſe.

Les

Les succès de ce Prince, qui ne devroient que flatter son amour propre, semblent enfler ses espérances, étendre ses projets, ranimer sa confiance. Que sait-on si tout cela est aussi réel qu'il le paroit? Qui nous dira que cet extérieur imposant ne cache point les inquiétudes les plus vives & des desseins secrets funestes à ses Alliés? Quoi qu'il en soit, cet extérieur même est contagieux: la témérité se communique aux Conseils de Sa Majesté Britannique.

Quel en a été l'effet? Voyons ce que *ce devoir*, né des circonstances, prescrit à ce Prince. Une Convention à laquelle l'armée de Hanovre a dû sa conservation, un Traité scellé par la signature d'un Ministre plénipotentiaire du Roi de Dannemarc, confirmé par la parole d'honneur de M. le Duc de Cumberland, est ouvertement violé. Un Prince sourd à la voix que tant de devoirs & d'intérêts l'engagent à respecter, vient se mettre à la tête d'une armée dont tous les pas vont être autant d'infidélités. Le Roi de Prusse lui-même forme le nouveau plan d'opération: que de ressources dans cette tête féconde! Aux exhortations d'un Général, il affecte de joindre le ton d'un Prophéte. Il gagne les Chefs par ses caresses, les soldats par ses libéralités, la multitude par ses promesses; ici c'est un Héros victorieux qui veut achever de repousser l'esclavage dont on menace sa patrie; là c'est un Monarque religieux qui craint

pour

pour le culte de ses Peres. Le feu de son imagination embrase les esprits, son éloquence les entraîne, le petit peuple même revére à genoux ce masque de superstition, que la politique la plus rafinée fait lui présenter à propos (*a*). Tout s'ébranle, tout s'anime, tout céde. On consent de s'exposer de nouveau aux fatigues, aux dangers: on brave la rigueur de la saison. Sa Majesté Britannique avec qui se concertent toutes les mesures que l'on prend pour l'intérêt commun, apprend avec joie que ses Etats de Hanovre vont être encore le théâtre d'une guerre sanglante & ruineuse. Une seconde campagne s'ouvre au cœur de l'hiver. Peu importe au Roi de Prusse d'exposer les sujets de son Allié à la juste & terrible vangeance d'un ennemi irrité contre la perfidie. Il suffit à ce Prince habile d'avoir écarté de sa proie une armée prête à la lui arracher. Il trompe le Roi d'Angleterre, il l'engage à se charger gratuitement de toute la honte d'un procédé odieux, & pourvu que lui-même en recueille les fruits, il consent que l'Electeur de Hanovre en soit la premiere victime.

Tel est, l'état actuel des affaires en Allemagne. Etat affligeant pour quiconque est sensible aux mal-

(*a*) On assure que Sa Majesté Prussienne a fait distribuer à Stade des Formules de Prieres: dans un autre pays elle eût fait distribuer des Chapelets avec le même enthousiasme.

malheurs de l'humanité, pour quiconque cherit la gloire des Princes, l'intérêt de la Republique Germanique, la conservation de ses Loix.

Mais croit on que cette liaison étroite des Cours de Londres & de Berlin puisse être assez solide & assez puissante pour que les maux dont elle menace, soient de longue durée? Peut-elle se flatter de balancer pendant plusieurs années cette union défensive des Princes armés pour la paix de l'Europe? Je veux rassurer ceux sur les funestes effets qu'ils craignent. Que l'on me crois, les Rois d'Angleterre & de Prusse ne peuvent être long tems amis: leur caractere, leur intérêt, leurs démarches passées, tout annonce la fragilité de la chaîne qui les unit. Amis sans confiance, Alliés pour un intérêt qui ne peut subsister, prêts à se diviser dès que les circonstances changent; rapprochés par un événement qui flatte leur ambition, ils s'observent, ils se craignent; ils finiront par s'accuser l'un l'autre.

Que penser en effet de ces variations perpétuelles que l'on a pû appercevoir dans leur conduite, dans leur langage, dans le systême de leurs négociations? Une alliance fondée sur un intérêt légitime, appuyée sur des principes inébranlables de droiture & d'équité, cimentée par la confiance & par l'estime réciproque, une telle alliance, n'a point recours aux déguisemens & aux équivoques. Destinée à maintenir

nir la paix, elle ne craint point de se montrer : elle honore les Princes qui l'ont formée : elle marche toujours sur la même ligne. La fraude seule est obligée de voiler ses intrigues obscures : elle rougit de se voir exposée à la lumiere : elle est souvent forcée de se replier sur elle-même.

Examinons les démarches des Rois de Prusse & d'Angleterre. Suivons leurs pas : étudions leurs discours. Tout est embarras, inquiétude, ambiguité. Le plan de Sa Majesté Britannique, toujours incertain, prend successivement toutes les formes que lui donnent les circonstances du tems, les dispositions de son peuple, & jusqu'aux reproches du Roi de Prusse. Celui-ci promet, flatte, se plaint, s'irrite, menace, s'appaise, tout cela tour à tour. Ce que l'on dit en Angleterre est détruit par ce que l'on écrit à Ratisbonne. Ici on blâme les entreprises de la Cour de Berlin, là on les favorise, on les seconde, on en souhaite le succès. Un Traité lie les deux Puissances ; mais l'une en tire des conséquences que l'autre désavoue ; & l'un des Princes qui l'a contracté a recours à des subterfuges misérables pour l'éluder, à des contradictions choquantes pour le déguiser, à des infidélités manifestes pour s'en rapprocher. Reconnoit-on à ces caracteres une alliance durable, une liaison indépendante des événemens, en un mot, un systême particulier, qui par sa solidité

té puisse faire un jour partie du systême général de l'Europe ?

Entrons, dans quelque détail : examinons sous ce point de vûe l'histoire de ce temsci. J'aurai beaucoup gagné, si j'ai diminué les craintes, en prouvant la fragilité d'une alliance, qui jusqu'à présent a jetté le trouble & le désordre dans tous les Etats de l'Empire.

Le Traité entre le Roi d'Angleterre & le Roi de Prusse fut conclu au mois de Janvier 1756. Sa Majesté Britannique n'eut garde d'avertir alors les Ministres Prussiens qu'elle ne contractoit que relativement à son Electorat: elle se reserva le droit de donner à sa convention toute l'étendue que les circonstances exigeroient, & d'un autre côté le Roi de Prusse eût été bien moins satisfait de l'Alliance, s'il eût crû ne contracter qu'avec l'Electeur de Hanovre, allié trop foible pour les vastes projets que l'on se proposoit.

MEMOIRES
POUR SERVIR 'A
L'HISTOIRE
DE NOTRE TEMS.

9.

FRAGILITE' DE L'ALLIANCE FAITE EN-TRE S. M. BRITANNIQUE ET LE ROI DE PRUSSE.

LEs mécontentemens & les murmures ne tarderent pas à se faire entendre en Angleterre : les gens sages ne pouvoient imaginer quel secours la Nation pouvoit tirer d'une Puissance Germanique, dans une guerre où il s'agissoit d'affoiblir la marine & le commerce de la France, & d'envahir une partie de ses colonies.

Sa Majesté Britannique prit le parti de faire regarder ses liaisons avec la Prusse comme étrangeres aux affaires de la Grande-Bretagne. Ce n'étoit qu'à l'Electorat de Hanovre qu'elle vouloit alors appliquer l'effet du Traité : quelques prétextes qu'elle ait alors allegués pour refuser la neutralité qui étoit offerte, le véritable motif de ce refus étoit visible; il eût déconcerté le plan dont on étoit convenu avec la Cour de Berlin.

i

Lon-

Lorsque le Roi d'Angleterre fit marcher en Westphalie une armée qu'il eut soin de qualifier, armée d'observation ; il avertit l'Europe entiere qu'il n'avoit d'autre objet que la défense de son Electorat, ni d'autre but que de s'opposer aux entreprises que la France avoit méditées contre ses Etats patrimoniaux.

Le Roi de Prusse étoit-il d'accord avec Sa Majesté Britannique sur cette assertion tant de fois répétée ? Ne donnoit-il point d'autre étendue aux engagemens qu'il avoit contractés avec elle ? Etoit-il, en un mot, persuadé qu'elle ne devoit entrer pour rien dans le plan d'invasion qu'il avoit formé ? Un événement va suffire, pour constater la différence des systèmes.

En effet, si le Roi d'Angleterre, comme Electeur de Hanovre, n'a pas promis un concert suivi & des secours efficaces, la neutralité de l'Electorat ne peut jamais être regardée comme une preuve d'infidélité. Si pour le succès de ses entreprises le Roi de Prusse n'a point compté sur l'assistance des Hanovriens, leur inaction ne peut lui fournir un sujet de reproches.

Cependant à peine apprend-il que le Roi de Dannemarck, sensible aux malheurs qui menacent l'Electorat de Hanovre, veut interposer sa médiation entre Sa Majesté Britannique & la France, à peine lui annonce-t-on qu'une convention salutaire, en conservant au Roi d'Angleterre & la ville de Stade, & une armée composée de ses sujets, va rendre Hanovre absolument inutile au plan formé contre la Cour de Vienne &

con-

contre l'Empire, qu'il se croit en droit de faire à son Allié les reproches les plus amers. Ce n'est point un malheur dont il est affligé; c'est une contravention à des engagemens précis; c'est une trahison dont il a droit de se plaindre. Rappellons nous cette lettre que nous avons vûe imprimée dans les Gazettes de Londres & dans les nôtres, & que l'on me permette de la transcrire ici pour la rapprocher d'autres piéces qui ne sont pas moins intéressantes.

,, Je viens d'apprendre, dit le Roi de Prusse à
,, son Allié, qu'il est *encore* question d'un Traité
,, de neutralité pour l'Electorat de Hanovre.
,, Votre Majesté auroit-elle assez peu de constan-
,, ce & de fermeté pour se laisser abbattre par
,, quelques revers? Les affaires sont-elles si dé-
,, labrées qu'on ne puisse les rétablir? Que Votre
,, Majesté fasse attention à la démarche *qu'elle a*
,, *dessein de faire, & à celle qu'elle m'a fait faire.*
,, Elle est *la cause* des malheurs prêts à fondre sur
,, moi. Je n'aurois jamais renoncé à l'Alliance de
,, la France, sans *toutes les belles promesses que*
,, *Votre Majesté m'a faites.* Je ne me repens point
,, du Traité que j'ai fait avec Votre Majesté.
,, Mais qu'elle ne m'abandonne point *lâchement*
,, à la merci de mes ennemis, *après avoir attiré*
,, *toutes les forces* de l'Europe contre moi. Je
,, compte que Votre Majesté se ressouviendra de
,, *ses engagemens réiterés encore* le 26 *du mois*
,, *passé,* & qu'elle n'entendra à aucun accommo-
,, dement que je n'y sois compris.

Ce n'eſt qu'avec quelqué regret que je remets ſous les yeux cette piéce humiliante pour Sa Majeſté Britannique. Il eût été à ſouhaiter que le Roi de Pruſſe eût mis dans ſes expreſſions un peu plus de modération : il parle du ton d'un Allié qui eſt en droit de menacer, & en état de ſe faire craindre. Mais ce n'eſt pas aux termes de cette lettre que je m'attache; je n'examine que le fond des choſes qu'elle contient.

Elle prouve au moins, que Sa Majeſté Britannique & le Roi de Pruſſe n'étoient point alors d'accord ſur le ſens & ſur les effets du Traité qui les lioit: car, ou la convention de Cloſter-ſeven n'étoit point une infidélité, auquel cas les plaintes du Roi de Pruſſe étoient injuſtes; ou ces plaintes étoient fondées, & dans ce cas il étoit clair que le Roi d'Angleterre avoit voulu tromper l'Allemagne, en lui annonçant des vûes directement oppoſées aux promeſſes par leſquelles il avoit flatté la Cour de Berlin.

Je ſai ce que les défenſeurs du Miniſtere Hanovrien répondent aujourd'hui à ce paralelle embarraſſant. Ils ont enfin pris le parti d'aſſurer que cette Lettre du Roi de Pruſſe eſt ſuppoſée. Ils voudroient par-là faire diſparoître le contraſte entre le langage des deux Puiſſances.

Je ne diſconviendrai pas qu'une note inſérée depuis peu dans une Gazette d'Hollande ne contienne une eſpéce de déſaveu de cette piece, qui, pendant plus de deux mois, a été publique dans toute l'Europe, ſans que le Miniſtere Britannique, ni le Miniſtere Pruſſien aient crié à l'impoſture.

Mais

Mais obfervons, que ce foible défaveu n'eft venu que depuis la bataille de *Rosbach*. Tant que l'on a crû que l'on feroit obligé d'exécuter la convention de Clofter-feven, cette lettre injurieufe au Roi d'Angleterre a été regardée comme une preuve du mécontentement du Roi de Pruffe, mais non comme une fuppofition de fes ennemis. Sa Majefté Britannique une fois réfolue à violer fes engagemens contractés fur la parole d'honneur du Prince fon fils, ôtoit à la Cour de Berlin tout prétexte de reproches. Il fuffifoit à celle-ci qu'ils euffent produit leur effet. Le Roi de Pruffe devoit retracter l'infulte par reconnoiffance pour l'infidélité. La honte du forfait ne fuffifoit-elle pas, fans y joindre encore celle de l'injure?

Mais j'y confens; écartons cette lettre dont Sa Majefté Britannique n'a point fait dépofer l'original dans les Archives confacrées à fa gloire: en fupprimant ce monument, en le défavouant, on fauve au Roi de Pruffe l'indécence des termes & la dureté du reproche; mais le fond des plaintes que contient fa lettre, ne peut certainement être défavoué. On le retrouvera dans le Mémoire par lequel M. Mitchell fit à la Cour de Londres fes repréfentations fur le projet de convention qui avoit fi fort allarmé fon Maître. Ce Miniftre fut fans doute plus refpectueux dans fes expreffions; mais il témoigna hautement que Sa Majefté Pruffienne étoit très-mécontente d'une neutralité, qui ne s'accordoit point avec la convention qui lioit les deux Mo-

nar-

narques. Par-là , il est prouvé qu'alors ces deux Princes se trouvoient divisés au moins sur les engagemens que leur dictoit un Traité, qui eût dû être pour l'un & pour l'autre une regle invariable de conduite.

Le Roi d'Angleterre n'osa point alors désavouer ses obligations. Embarassé par les plaintes de la Cour de Berlin auxquelles il lui eût été fort aisé de répondre, si jamais il ne fut entré dans les vûes de destruction qui animent cette Cour. Il cherche alors à lui donner le change : il veut lui faire envisager que l'obligation qu'il s'est imposée par le Traité, ne regardera plus désormais que l'Angleterre : il lui plaît de délier Hanovre & de charger la Grande-Bretagne de toute la dette.

Les arrangemens pris rélativement à l'Electorat, dit-on à M. Mitchell, *n'auront pas la moindre influence sur la conduite de Sa Majesté comme Roi. Sa Majesté est determinée à un CONCERT SUIVI avec le Roi de Prusse, & ce Prince peut s'assurer que la Couronne Britannique continuera de remplir scrupuleusement ses engagemens avec Sa Majesté Prussienne, & à la soutenir avec autant de constance que de vigueur.*

Le Roi de Prusse n'a point donné dans ce piége : il n'a point abandonné le plan qu'il s'étoit formé de forcer le Roi d'Angleterre à lui demeurer attaché, soit comme Electeur, soit comme Roi. Nous voyons même qu'il y a enfin réussi, & qu'il a profité de l'ascendant qu'il a sur ce Prince, jusqu'à l'engager à sacrifier sa bonne foi,

sa

sa réputation, son pays, à l'exécution d'un projet qui peut bouleverser le Gouvernement Germanique.

Mais pendant que Sa Majesté Britannique
s'efforce de prouver à M. Mitchell, que le Traité fait avec la Prusse oblige l'Angleterre à seconder les entreprises formées contre la Maison d'Autriche, comment s'exprime-t-il à Ratisbonne
sur les effets de ce Traité? Voyons si les assurances qu'il donne à la Diette doivent flatter Sa
Majesté Prussienne, & s'accordent avec les protestations par lesquelles il s'efforce de rassurer la
Cour de Berlin.

Ce fut le 16 Septembre dernier que M. Hol-
derness remit au Ministre Prussien un Mémoire
qui contenoit le renouvellement des promesses
faites par le Roi d'Angleterre. Or dès le 23 Août
précédent, ce Prince avoit adressé à son Ministre
à Ratisbonne un Mémoire qui fut porté à la
Dictature dans les premiers jours de Septembre,
& qui est justement le contrepied de ce qu'il
faisoit repondre à M. Mitchell. Ce Mémoire
présenté à la Diette, avoit deux objets. L'un
de justifier la conduite de Sa Majesté Britannique;
l'autre de demander à la Diette des secours contre la France.

On commence par y fixer le sens & les effets
que l'on veut attribuer au Traité conclu au mois
de Janvier 1756, entre les Rois d'Angleterre &
de Prusse. Ne perdons pas de vûe, que c'est
ce même Traité en vertu duquel Sa Majesté Britannique prétend à Londres être engagée à *sou-*

tenir

tenir *son Allié avec autant de constance que de vigueur* ; mais n'imaginons pas qu'il doive avoir le même sens à Ratisbonne.

Ecoutons le Ministre Hanovrien, & cherchons à concilier, s'il est possible, les principes sur lesquels il s'appuie, avec les conséquences qu'il en tire. „ Les articles de ce Traité, ten-
„ doient, dit-il, *uniquement* à maintenir en
„ général la tranquilité de l'Europe ; à assurer
„ *en particulier le repos de l'Allemagne*, malgré
„ les difficultés qui subsistoient entre les Cours
„ de Londres & de Versailles ; à faire de part &
„ d'autre tous les efforts capables d'empêcher
„ les Alliés respectifs de rien entreprendre, qui
„ pût préjudicier dans la suite aux Etats de l'u-
„ ne ou de l'autre des deux Puissances contrac-
„ tantes ; enfin *de réunir leurs forces pour main-*
„ *tenir la tranquillité de l'Empire* & *de s'opposer*
„ *au passage des troupes étrangeres*, au cas que
„ quelque Puissance voulût sous quelque pré-
„ texte que ce fût, & contre toute attente, *fai-*
„ *re marcher une armée en Allemagne pour en*
„ *interrompre le repos.*

Si j'étois chargé de défendre Sa Majesté Prussienne contre les variations de la Cour, soit de Londres, soit de Hanovre, je demanderois à l'Auteur de ce Mémoire, si le but que, selon lui, les Parties contractantes se proposerent, ne regardoit uniquement que la Grande-Bretagne : je le supplierois de me prouver que c'est l'Angleterre seule qui doit se réunir au Roi de Prusse pour *assurer le repos de l'Allemagne*, & pour

main-

maintenir la tranquillité de l'Empire. Ces vûes patriotiques font-elles donc étrangeres à l'Electeur de Hanovre?

Mais fi le motif du Traité a été le repos de l'Allemagne & l'intérêt du Corps Germanique, dont on fuppofe que le Roi de Pruffe eft aujourd'hui le foutien & le défenfeur; il en réfulte que Sa Majefté Britannique n'a, par fon Traité, contracté aucun engagement comme Roi d'Angleterre, qu'elle ne l'ait auffi contracté comme Electeur de Hanovre: il n'eft donc pas poffible que le même Prince en Angleterre fe croie obligé de feconder les vûes du Roi de Pruffe, & qu'il les détefte en Allemagne. Le motif & les obligations étant communes, le langage devroit être par-tout le même.

Cependant, voici comment le même Prince s'explique à Ratisbonne, fur le même Allié dont il fait à Londres les plus grands éloges.

„ On n'ignore pas, continue le Mémoire daté du 23 Août, „ qu'auffi-tôt que ce Traité
„ fut conclu, on vit éclatter des jaloufies en-
„ tre l'Impératrice Reine & le Roi de Pruffe,
„ & qu'elles aboutirent enfin à une guerre ou-
„ verte qui occafionna l'entrée de Sa Majefté
„ Pruffienne dans l'Electorat de Saxe & dans la
„ Bohême. Tout le monde fait encore que *le*
„ *Roi a abfolument ignoré l'entrée du Roi de*
„ *Pruffe en Saxe,* que Sa Majefté *n'en a été in-*
„ *ftruite qu'après l'événement,* qu'elle a *detefté*
„ *les boftilités qui ont éclaté,* qu'elle les a *décon-*
„ *feillées,* qu'elle *n'y a pris & a declaré folem-*

i 5

„ nel-

„ nellement qu'elle n'y PRENDROIT AUCUNE
„ PART, & qu'elle se borneroit à employer
„ toutes ses forces, & à apporter tous ses soins,
„ pour éloigner les troupes étrangeres de son
„ pays, & de ceux qui en sont voisins, & pour
„ mettre ses Etats à l'abri du danger dont ils
„ étoient menacés. Tel est le langage que S.
„ M. Britannique a fait tenir à Vienne, à Ra-
„ tisbonne & ailleurs. C'étoit là l'unique but
„ de ses délibérations & des mesures qu'elle pre-
„ noit, *sans entrer* dans ce qui se passoit pour
„ lors en Bohême & en Saxe.

Je ne ferai point de Commentaires (*a*) sur
cette déclaration si positive. Je me contente-
rai de demander si c'est à la Diette de l'Empire,
ou si c'est au Roi de Prusse que Sa Majesté Britannique veut faire illusion.

Quoi! c'est le même Souverain, qui dans
le même tems donne des assurances aussi contradictoires! Ici il *déteste les hostilités commises con-*
tre la Saxe & contre la Bohême, il a *déconseillé*
la rupture, & ne veut y prendre aucune part.
Là, non-seulement il favorise les projets de Sa
Majesté Prussienne, il doit les *soutenir avec au-*
tant de constance que de vigueur. Il est déterminé *à un concert suivi* avec ce Prince. *Il con-*
tinuera de remplir exactement ses engagemens.

Il

(*a*) Elle en seroit cependant susceptible, & quelques honnêtes gens d'un gros jugement pourroient
être embarassés pour concevoir comment le Roi d'Angleterre a pû *déconseiller* la rupture, s'il n'en a été in-
formé qu'après qu'elle a éclaté.

Il ne trompe perſonne, me répondra encore quelque Sophiſte; le même Prince, mais conſideré ſous différens rapports, peut en même-tems *déconſeiller* & approuver la rupture, *déteſter* & favoriſer les hoſtilités commiſes contre des Membres de l'Empire, *ne prendre aucune part* aux entrepriſes de la Cour de Berlin, & n'épargner rien pour en hâter l'éxécution.

Juſques à quand, ſerai-je obligé de revenir à cette miſérable & futile équivoque? Croit-on qu'une apologie dont elle ſeroit la baſe, parût à la Diette bien digne, & de la majeſté de l'Empire, & de la droiture qui doit guider les démarches nobles & ſoutenues de tous ſes Membres? Qui de tous les Miniſtres aſſemblés à Ratisbonne, aura imaginé que le Roi d'Angleterre pût, ſans les tromper, faire préciſément le contraire de ce qu'il leur diſoit?

Il y a plus, l'équivoque ne peut être ici d'aucune reſſource; & j'ai déja dit la raiſon. Le Traité qui lie le Roi d'Angleterre avec la Cour de Berlin, ne peut ſe diviſer. De deux choſes l'une; ou par ce Traité Sa Majeſté Britannique s'eſt obligée à ſeconder les vûes du Roi de Pruſſe, ou ce concert funeſte n'a point été l'objet de la convention. Dans le premier cas, l'Electeur de Hanovre eſt auſſi bien lié que le Roi d'Angleterre, & dès-là il veut tromper le Corps Germanique par des aſſurances que ſes engagemens démentent, & que ſes intentions déſavouent. Dans le ſecond cas l'Angleterre même n'eſt point obligée à ce concert de meſures

vi-

vigoureuses, auquel il voudroit l'assujettir : il trompe, & sa Nation en lui présentant des engagemens ruineux qu'elle n'a point contractés, & le Roi de Prusse lui-même, en le flattant d'une assistance offensive que l'Angleterre n'a point promise.

Le Roi de Prusse a démêlé la ruse de ce Ministere amphibie. Il est assez prouvé que ce Prince ne prend ni pour des raisons, ni pour des secours ces petites distinctions, par lesquelles on élude ou l'on exécute arbitrairement les Traités. Il compte certainement sur l'argent d'Angleterre, mais il compte en même-tems sur les troupes de Hanovre. Il croit que l'Angleterre ne lui en fournira aucunes. Et comme il n'est pas possible que la nation Angloise soit long-tems persuadée que ses intérêts sont essentiellement liés à ceux de la Cour de Berlin, il sent que cette alliance offensive avec la Grande-Bretagne seule, seroit une ressource peu durable. Que fait ce Prince? à une ruse qui ne peut plus tromper personne, il oppose une autre ruse qui produit tout l'effet auquel elle étoit destinée. Il exagere un succès passager. Il présente au Roi d'Angleterre des ressources chimériques & des espérances frivoles: il l'engage à violer une convention sacrée, & la parole d'honneur du Duc de Cumberland. Il fait reprendre les armes aux malheureux Hanovriens. Les Etats patrimoniaux de Sa Majesté Britannique vont peut-être encore devenir le théâtre d'une nouvelle guerre beaucoup plus

san-

sanglante, & plus animée que celle qui avoit
été terminée par la Capitulation de Closter-
seven. Ne croit-on pas entendre le Roi de
Prusse se dire à lui-même, „ Je n'ai qu'un
„ moyen de tenir à jamais Sa Majesté Britan-
„ nique dans ma dépendance. Si son pays est
„ une fois ruiné, j'ai tous ses sujets & tous ses
„ soldats à ma disposition. Il peut m'échap-
„ per s'il lui reste quelque chose à conserver :
„ si je puis me donner comme le Libérateur
„ de ses Etats, l'argent des Anglois ne me
„ manquera point; il coulera en abondance &
„ long-tems. Qui sait même si l'Angleterre
„ seule achetera les secours que je saurai vendre
„ à son Souverain? Pourquoi ne seroit-il pas
„ obligé lui-même de payer ma protection par
„ quelque petite Province qui arrondiroit les
„ miennes? Ainsi, le Roi d'Angleterre à voulu ruser avec la Cour de Berlin, & il est lui-
même sa dupe.

Il est donc vrai, & je crois l'avoir prouvé,
que la bonne-foi n'est point l'ame de cette Alliance qui nous effraye. A travers ces magnifiques protestations d'amitié, j'apperçois des
preuves de méfiance. On s'étudie, on est en
garde, on employe la ruse, on a recours à
l'intrigue, on prévoit la division, on seména-
ge des prétextes, on cherche à se conserver des
ressources. L'un se fie peu aux liens des Traités, & cherche à s'assurer son Allié par ceux
de la nécessité. L'autre armé d'un double masque, tient sous l'un & sous l'autre des discours
con-

contradictoires; c'est un Protée, qui sans briser ses chaînes leur échappe en changeant de forme.   Toute union qui en est réduite à ces extrémités, trahit sa propre foiblesse, & annonce sa ruine.

A ces réflexions sur le caractere de cette Alliance, joignons une autre considération qui naît de l'intérêt qui l'a fait naître.   Croyonsnous que l'aveuglement du Roi d'Angleterre dure toujours? On peut compter qu'un homme qui veille & qui reste dans la même place, verra toujours les mêmes objets: mais ce que l'on voit dans un rêve, s'évanouit à l'instant du reveil, & celui de S. M. Britannique anéantira tôt ou tard le fondement sur lequel ont porté jusqu'ici toutes ses liaisons avec la Prusse.

L'intérêt de cette derniere Puissance est de s'attacher en Allemagne tous les Princes qu'elle pourra séduire.   L'intérêt de l'Electeur de Hanovre est de se détacher promptement d'une alliance qui peut causer sa ruine.   Il ne faut point ici se le dissimuler, les Cours de Vienne & de Berlin paroissent trop vivement aigries l'une contre l'autre pour que l'on puisse se flatter qu'en faisant la paix elles prendront pour regle les Traités de Breslaw & de Dresde.   Le plus fort voudra conserver certainement une partie de ses conquêtes.   L'Impératrice Reine forcée autrefois de céder au Roi de Prusse une des plus belles provinces de ses Etats, a trouvé dans l'imprudence & dans l'injustice de cet Aggresseur un juste motif de recouvrer cette portion

du

du patrimoine de sa Maison. Le génie & l'activité du Roi de Prusse, l'adresse avec laquelle il fait menager ses forces, pourront sans doute prolonger les malheurs de l'Allemagne. Mais les ressources de la Cour de Berlin doivent naturellement s'épuiser les premieres: il faudra bien alors que la paix se fasse, & peut-être aux dépens du Prince qui a causé tant de troubles & de désordres. Qu'arrivera-t-il alors? Les Ministres de S. M. Britannique voudroient-ils bien se rendre cautions auprès d'elle, que le Roi de Prusse obligé de céder quelque chose, ne cherchera jamais à se dédommager de ses pertes, en faisant valoir contre son ancien Allié, quelque vieille prétention? Qui pourroit répondre même que lors de la paix, l'Electorat de Hanovre ne sera point obligé de fournir aux dédommagemens qu'il aura contribué à rendre nécessaires. Que répondra S. M. Britannique, lorsque le Roi de Prusse lui dira, „ Vous avez partagé „ mon entreprise & mes projets, il est juste „ que vous entriez pour quelque chose dans les „ cessions auxquelles je suis forcé. La Cour de Berlin se fera-t-elle un scrupule de sacrifier un Prince qui se sera déja épuisé pour elle? Sa Majesté Prussienne n'abandonna-t-elle pas en 1741 les Saxons qu'elle avoit ébloüis par des promesses aussi fausses & plus vrai-semblables? Qui prendra alors la défense de Sa Majesté Britannique? Quelle Puissance voudra rentrer en guerre pour empêcher le démembrement de l'Electorat, qui, peut-être deviendra utile au Roi de Prusse lui-même.   Se-

Sera ce la Cour de Vienne? Sera-ce celle de France? Fera-t-on valoir auprès de ces deux Cours des motifs de reconnoissance? Opposera-t-on aux résolutions communes des garanties stipulées par des Loix dont l'Electeur de Hanovre se sera lui même écarté? Foibles considérations, lorsqu'il s'agit d'une pacification générale nécessaire à l'Europe: oui, l'affoiblissement du Roi de Prusse peut entraîner l'Electeur de Hanovre; les Anglois, dont les vûes ont été tant de fois traversées par ces liaisons Germaniques, croiront que leur Roi aura gagné tout ce que l'Electeur aura perdu.

Je veux au contraire que S. M. Prussienne, à qui il ne manque pour être un des plus grands Rois de l'Europe, que d'être juste, aidée des Hanovriens, non-seulement résiste à ses ennemis, mais triomphe de tous leurs efforts. Elle ne le peut, qu'en acquérant en Allemagne un pouvoir énorme, & qui doit faire trembler tous les Membres de l'Empire. Alors sans doute le besoin que ce Prince a des Hanovriens sera cessé. Son ambition sera-t elle satisfaite? S. M. Br. n'a-t elle rien à craindre du colosse qu'elle aura contribué à élever. Concluons que quelque soit le succès des armes du Roi de Prusse, il ne peut qu'être funeste à l'Electorat, & ne peut dans aucun cas ajouter à sa puissance.

Les Ministres de Hanovre ne paroissent point encore touchés de ces réflexions. Un prestige fatal aveugle leurs yeux. Mais le moindre évenement peut dissiper le charme. Les cris de victoire que les Prussiens font retentir ont étouffé la voix de la prudence. L'infortune peut réveiller celle des remords; & la sagesse fut souvent la campagne des revers: si elle se fait une fois entendre, c'en est fait de l'union des Cours de Londres & de Berlin.

Cessons donc, de regarder les maux de l'Allemagne comme désespérés; les Princes dont le concert funeste allarme tant d'Etats, ne peuvent être liés par des nœuds durables: l'un vient de donner des leçons, & l'autre l'exemple de l'infidélité: en s'abandonnant l'un l'autre, en se trahissant même, ils ne s'écarteront point de leurs principes. 10.

10.

REFLEXIONS SUR LA CONDUITE DU MINISTERE ANGLOIS.

JE dois avouer que les écrivains Anglois dont j'ai lû les productions, ne cherchent ni à déguiser le mauvais état des affaires, ni à flatter ceux qui en ont la direction. Ils peignent assez au naturel, & que présentent leurs tableaux? Le mécontentement général des Anglois, les murmures du peuple, la consternation des Citoyens, l'embaras de ceux des Ministres qui n'ont d'autre intérêt que celui de la Cour, les efforts que fait celle-ci pour se justifier. Dans ces circonstances critiques Sa Majesté Britannique n'a eu que trop de raisons pour remettre l'assemblée du Parlement. Pourquoi ces

k

délais

délais fucceffifs ? On craignoit les adreffes desPro-
vinces. Il falloit laiffer refroidir les efprits : il
falloit laiffer du moins refermer la playe, fi l'on
ne pouvoit en effacer jufqu'à la cicatrice : il falloit
attendre quelque événement favorable dont on
puiffe faire mention dans la harangue du Roi.

Pour l'Amiral Hawke & le Général Mordaunt, ils fe font tiré d'affaire : les vœux que
l'on faifoit pour que l'Angleterre ne fe desho-
nore plus en verfant elle - même le fang de fes
malheureux deffenfeurs; font honneur à l'humanité.

Où en feroit la nation Angloife, fi elle pu-
niffoit aujourd'hui par le dernier fupplice les
difgraces de tous fes Généraux ? La comparai-
fon que l'on en fait eft jufte; elle reffembleroit
à des Navigateurs furieux, qui dans le fort d'u-
ne tempête à laquelle les auroit expofés l'imprudence de leur Pilote, croiroient fe vanger de
lui en abattant les mats qui fléchiffent fous les
vents.

Je fai que ces deux Meffieurs ont été mandés
à Kenfington; qu'il s'y eft tenu un confeil extraordinaire. Qu'en devons-nous conclure ?
Rien autre chofe, finon qu'ils s'y font pleine-
ment juftifiés. Ils n'avoient fans doute que de
trop bonnes raifons à alleguer, & de tous ceux
qui les blament, foions convaincu: qu'il n'y a
perfonne qui penfe qu'il fût jufte de les punir.

Que

Que la vile populace leur prodigue les noms
de traitres & de lâches; que les beaux parleurs
de caffé, gens plus humains, leur rappellent
l'expédition de Caligula qui effrayé du mugisse-
ment des flots, fit ramasser des coquilles sur le
rivage & rapporta triomphant ces riches dépouilles d'un ennemi qu'il n'avoit point vû:
M. Hawke & M. Mordaunt ne craignent ni les in-
jures ni les épigrammes. Il faut bien souffrir
quelque chose pour son Prince: la fortune &
le faveur doivent un jour les venger de ces in-
sultes.

Pour les gens sensés, sans se donner la peine
de critiquer avec amertume leur conduite, se
font contentés de gémir d'un malheureux systême qui a jusqu'ici fait échouer toutes les entreprises de la Nation; & comme il leur paroît
impossible de le changer tant que la guerre du-
rera, ils font les vœux les plus ardens pour la
paix. La rentrée de la flotte ne les a point surpris: ils n'avoient rien espéré du succès que le
peuple s'en étoit promis. Ce Phénomène que
nous trouvons si étrange, est pour eux l'effet
le plus simple d'une cause clairement connüe:
comme je suis en relation de lettres avec deux
d'entre eux dont l'un a même été autrefois mon
ami, je veux aujourd'hui rendre leurs idées.
Ce que je vais mander n'est que le precis des
refléxions qu'ils m'ont fournies. Je n'aurai

que

que la peine d'extraire leurs lettres, de développer leurs pensées, & d'y joindre quelquefois les miennes.

Une flotte redoutable est partie d'Angleterre; les preparatifs avoient couté beaucoup d'argent à l'Etat; la Nation en esperoit de grands avantages : cependant elle est rentrée au bout d'un mois, chargée du ridicule de la plus pitoyable & de la plus inutile expédition qui ait jamais été tentée. N'est-ce pas là, l'événement dont on demande l'explication? Tel est aussi le texte de tous les raisonnemens de mes amis.

Leur discussion se réduit à trois questions dont ils ne craignent point de donner la solution. 1°. Quel a été le motif du départ de la flotte? 2°. Quel a été celui de son retour? 3°. Quelles reflexions les gens sages doivent-ils faire sur cet événement, quelles dispositions doit-il produire dans les esprits?

Nous avons d'abord un point certain d'où il faut partir. On avoit accordé au Roi de très-gros subsides dont il étoit au moins honnête de justifier l'emploi. Voilà sans doute un premier motif qui a dû décider l'armement, outre qu'il étoit nécessaire de détourner les regards du peuple, de l'inutile expédition de l'Amiral Holbourne & de les fixer sur une entreprise beaucoup plus à leur portée.

Mes

Mes Anglois soupçonnent, il est vrai, que l'on a un peu exagéré les dépenses de celle-ci. Après tout, disent-ils, les vaisseaux existoient. Les Matelots & les troupes eussent eu ailleurs de l'emploi, & à tout prendre, si l'on ne comptoit que les frais extraordinaires que cet armement a couté, on trouveroit qu'il en faut rabattre beaucoup sur les mémoires de l'Amirauté. Ce n'est pas que l'on n'emploie exactement tout l'argent que la Nation accorde libéralement à son Souverain; mais on sait qu'il est obligé à d'autres dépenses, & qu'il a des engagemens personnels à remplir. Les Anglois auroient la mauvaise humeur de se fâcher, s'ils savoient tout ce qui leur en coute pour pacifier les troubles de l'Allemagne. Si donc on ne fait point un compte particulier de toutes les sommes qui passent la Mer pour aller dans ce pays-là, si la Nation n'en connoit qu'une partie, si le reste est emploié sagement dans le compte de l'argent destiné à l'entretien de la Marine; c'est par ménagement pour le peuple que l'on en use ainsi. A cela il n'y a rien à dire.

Il est donc arrêté que l'on armera une grande flotte: les ordres sont donnés, le travail commence; tout concourt à le hâter. Les soldats brûlent de l'ardeur de se signaler. Le courage & les esperances des Anglois se reveillent. Ce sera la flotte invincible; elle doit

venger sur l'Océan les torts de la Méditerranée.
il s'agit ensuite de savoir où elle ira vraisemblablement.

Où elle ira ? Ce problême surprend-t-il
qu'il n'avoit pas été résolu avant même que l'on
se décidât sur l'armement ? Que l'on me par-
donne, les tems étoient changés, & ce qui étoit
alors possible avoit cessé de l'être.

Les Politiques de l'Angleterre les plus clair-
voyans, ont été persuadés, & cela sur les pré-
somptions les plus fortes, qu'Oftende & Nieuport avoient été d'abord l'unique objet que le
Gouvernement s'étoit proposé. Ces Places
n'avoient que de foibles garnisons. Leurs ports
étoient encore ouverts aux Anglois. L'Impératrice Reine n'étant point en guerre avec eux,
ne pouvoit ni craindre ni prévoir une entreprise de ce côté là. Cette considération étoit un
motif de plus pour le ministère Britannique;
mais malheureusement pour lui tout avoit été
déconcerté sur la fin du mois de Juillet. La
Cour de Vienne qui se doutoit apparemment de
ce plan, avoit commencé par faire sortir des
deux Ports tous les vaisseaux Anglois & leur
en avoit interdit l'entrée. Elle avoit de plus
remis entre les mains des François les deux Places exposées à l'invasion, sûre que personne
n'auroit plus d'intérêt qu'eux à bien défendre
le dépôt qui leur étoit confié, & à ménager

Je fai, & je puis mêler ici cette refléxion en
paffant: je fai tout ce que les Anglois ont publié fur cette convention ; je n'ignore pas qu'ils
ont emprunté le nom de quelques-uns de nos
Compatriotes pour débiter plus à leur aife, des
plaintes dont l'amertume trahiffoit leurs véritables auteurs. Pour moi j'ai toujours été perfuadé que l'Impératrice liée avec la France par
un Traité deffenfif avoit le droit de confier au
Roi Très-Chrétien la deffenfe de celles de fes
Places qu'elle croyoit menacées; & il fuffit d'être
Hollandois pour fentir qu'une convention qui
ne tend qu'à éloigner la guerre de nos frontieres, doit être agréable à la République. Certains que notre neutralité eft agréée par la France, devons nous fouhaiter d'avoir à nos portes
une Nation que cette neutralité met en fureur?
Je reviens à la flotte Angloife.

Il ne lui étoit plus poffible de rien entreprendre contre Oftende ou contre Nieuport, & il
fe peut faire que ce motif ait un peu ralenti les
préparatifs. Cependant les Anglois avoient
conçu les plus magnifiques efpérances. Il leur
falloit donner du moins le fpectacle d'un embar-
quement, dût-on enfuite accufer la fortune de
fon inutilité: mais cette inutilité n'étoit prévûe
que par un petit nombre de fages. Le refte de
la nation regardoit la nouvelle flotte comme
deftinée à l'expédition la plus mémorable de

k 4

tou-

toute la guerre, & si on eut pû imaginer qu'elle se borneroit à la gloire de piller la petite Isle d'Aix, l'Amiral Boskawen n'eût point été jaloux de cette conquête, & ne se fût point vengé de la préférence par la démission de tous ses emplois.

Ce fut au commencement du mois d'Août que ce fortuné M. Hawke arbora son pavillon sur le vaisseau *le Ramillies*, dont le nom rappelloit une des disgraces de la France, & prit le commandement d'une flotte de plus de 80 voiles (*a*). Il n'est pas certain qu'il eût alors ses ordres précis; on sait au contraire que pendant tout le mois d'Août les délibérations du Ministere furent fréquentes, longues & fort agitées, & qu'au milieu des différentes opinions qui partageoient le Conseil, personne n'étoit plus embarrassé que Sa Majesté Britannique.

Ceux qui, attentifs à toutes les démarches du Ministere, cherchoient à deviner ses vûes & à pénétrer les motifs de l'armement, n'en pouvoient plus supposer que trois; car, ou la flotte étoit destinée à aller attaquer les Isle Françoises; ou elle devoit porter de puissans secours

aux

(*a*) Elle étoit composée de 18 Vaisseaux de ligne, trois Frégates, deux Brulots, deux Galiotes à Bombes, neuf Chaloupes, un Vaisseau d'approvisionnement, un Vaisseau d'Hôpital & 18 bâtimens de transport.

aux Hanovriens, qui reculant en bon ordre, s'étoient déja fort approchés de Stade; ou enfin elle devoit se signaler par quelques conquêtes sur les côtes de France.

Ceux qui l'envoyoient aus Isles étoient de ces gens qui s'imaginent que le gouvernement Anglois est une machine, dont le mouvement est toujours uniforme, & où tout se suit dans de justes intervalles. De ce que l'Escadre de l'Amiral Holbourne, destinée à conquérir l'Isle Royale, n'étoit partie qu'au mois de Juin, & n'étoit arrivée à Halifax que le 9 Juillet, long-tems après que Louisbourg avoit été muni de tout ce qui étoit nécessaire à sa défense, ils concluoient qu'une armée, dont le but auroit été de s'emparer de Saint Domingue, ne devoit s'embarquer qu'au mois d'Août & partir dans les premiers jours de Septembre.

Mes amis qui sont persuadés qu'une faute n'en entraîne pas toujours une autre de même nature, étoient bien persuadés, que l'expédition des Isles n'étoit point venue dans l'esprit du Ministere Anglois; & dans leur petit-Conseil ils n'avoient donné à celui du Roi d'Angleterre que l'option entre la France & l'Allemagne.

Ils sont convaincus que Sa Majesté Britannique penchoit en secret pour le dernier de ces deux partis. Ils n'imaginent point qu'il ait volontairement abandonné ses Etats, ni que, com-

me

me les Ecrivains Anglois l'en accusent, il soit d'intelligence avec les François, pour les laisser maîtres chez lui. Les reproches que lui a fait le Roi de Prusse dans une lettre, qui est devenue publique à Londres même, ne prouvent que trop jusqu'à quel point il s'étoit engagé avec ce Prince. Croira-t-on qu'il lui ait donné des paroles qu'il n'ait ni voulu tenir ni espéré de dégager ?

Concluons, que ceux des Ministres Anglois qui sont dévoués aux intérêts de l'Electeur de Hanovre, dûrent opiner dans le Conseil pour que la Flotte allât dégager promptement Son Altesse Royale. Le chagrin de ce Prince, sa retraite à Windsor, son mécontentement contre le Ministere, prouvent suffisamment que ses espérances ont été trompées.

Mais il est dans le Conseil d'autres Ministres, qui soutenus par le suffrage de la nation opposent aux projets Hanovriens les raisons les plus fortes & le courage le plus ferme. Le Roi lui-même est quelquefois obligé de leur céder à cause de l'ascendant qu'ils ont dans le Parlement. Cette division d'intérêts & d'opinions est la véritable cause de toutes les fausses démarches de l'Angleterre, & du mauvais succès de ses entreprises. Si le Conseil de Sa Majesté Britannique n'eût été composé que de ses créatures, la Flotte eut été de bonne heure à Stade. Le

Duc

à

Duc de Cumberland eût été secouru : l'on se disputeroit encore la possession des Etats de Hanovre, & le Roi de Prusse auroit une armée de moins sur les bras.

Si tous les Ministres Britanniques n'eussent été que des Anglois voués à la patrie, ou ce qui est presque la même chose dans ce pays-là, à cet enthousiasme fanatique qui a juré la perte de la Marine & du Commerce de France, la Flotte eût porté une armée sur les côtes de ce Royaume, pendant qu'une partie des troupes Françoises étoit occupée en Allemagne. Elle y eût débarqué des soldats irrités qui n'eussent annoncé leur marche que par les hostilités les plus terribles, & qui eussent vengé sur Rochefort & sur la Rochelle la prise du Fort S. Philippe, & la destruction des forts Anglois de l'Amérique; dans l'un ou l'autre cas, la Flotte eût du moins fait quelque chose d'utile ou à Hanovre ou à l'Angleterre.

Ce fut sans doute ce dernier parti qui l'emporta dans le Conseil, & il faut avouer qu'aux yeux des véritables Anglois, il avoit pour lui les motifs les plus plausibles. Quel avantages les succès du Roi de Prusse peuvent-ils jamais procurer à l'Angleterre? Que ce Prince augmente ses Etats, & qu'il écrase l'Electeur de Saxe, ou que réduit au même degré de pouvoir que ses ancêtres, il n'ait de plus qu'eux que le titre

de

de Roi & des projets infructueux, la Grande-Bretagne en fera-t-elle moins puissante ou moins riche? Ses véritables rivaux ne sont-ils pas les François? N'est-ce pas pour les affoiblir & pour arrêter les progrès de leur commerce que la guerre a été entreprise? C'est donc cette Puissance qui, soit en Amérique, soit en Europe, doit être l'objet de tous les armemens Britanniques. C'est là que tous les coups doivent porter; c'est contre elle que tous les efforts de l'Angleterre doivent se réunir, non pour changer quelque chose au Gouvernement Germanique que la France protége, mais pour enlever à celle-ci de véritables richesses, pour diminuer ses forces sur l'Océan, pour la mettre hors d'état de disputer à la Grande-Bretagne la souveraineté des mers.

Vaincu par ces raisons, le Roi d'Angleterre s'est vû forcé de suivre l'impulsion de la haine que son peuple a tant de fois jurée à la France. C'est elle qui dicte les ordres que le Monarque ne peut se dispenser de souscrire. L'Amiral Hawke & le Général Mordaunt, connoissent leur destination. Celui-ci passe en revûe ses troupes. Il les exhorte à ne point se charger d'un bagage inutile. Il leur annonce que l'expédition à laquelle il les conduit sera *courte & vive*. Il blâme ceux qui veulent se charger *de trop de linge* (*a*). Ils en trouveront de reste,

______
(*a*) V. les Gaz. Angl. du mois de Septembre.

reste, leur dit-il, dans les lieux où se doit faire la descente. Quel Capitaine ne se flata pas alors de remporter avec lui en Angleterre une partie des toiles & des étoffes renfermées à l'Orient dans les magasins de la Compagnie des Indes Françoise?

Cependant la Flotte met à la voile. Le 8 Septembre on la perd de vûe. Les Anglois eussent volontiers placé tous leurs telescopes sur les bords de la mer. Ils sont fachés de n'en avoir point qui puissent leur laisser appercevoir la flamme qui doit dévorer les places destinées au pillage.

Ici un de mes Correspondans ne peut se refuser une mauvaise plaisanterie. Il prétend que les lunettes des François avoient alors des verres à facettes: en effet plus le gouvernement paroissoit tranquille, plus le peuple s'obstinoit à voir partout cette redoutable Flotte, & depuis Dunkerque jusqu'à l'Orient, il n'est point de port où les spectateurs du rivage n'aient crû la voir arriver.

Cependant elle vogue a pleines voiles. Elle découvre les côtes de France. Les troupes poussent des cris de joie, & saluent les Isles de Rhé & d'Oleron. Elle se présente successivement devant l'une & l'autre. On tient de frequens Conseils sur le vaisseau Amiral. Enfin on exécute cette fameuse descente à laquelle s'est bornée la gloire de cette campagne.

A

A l'extrémité orientale du paſſage nommé le Perthuis d'Antioche, entre les Isles de Rhé, & d'Oleron, & non loin de l'embouchure de la Charente, eſt une très-petite Isle dont je n'ai connu le nom que depuis que les Anglois l'ont rendue célébre par leur entrepriſe.   On la nomme l'Isle d'Aix; elle n'a pas une lieue de longueur ſur moins d'une demi-lieue de largeur: ſur ſes bords eſt un miſérable village habité vraiſemblablement par des pêcheurs, & défendu par une eſpéce de Fort qui ne paroît deſtiné qu'à découvrir les vaiſſeaux qui entrent dans le Perthuis d'Antioche, & à en donner avis ſur les côtes.

Tel eſt le théâtre que le Général Mordaunt a choiſi par préférence pour y faire briller la valeur des guerriers qui l'avoient ſuivi.   Le 28 Septembre 8 vaiſſeaux détachés de la Flotte s'avancent ſur cette Isle, & deux viennent juſqu'à la portée du canon de ſon petit fort.   La garniſon étoit compoſée d'environ 300 miliciens du Bataillon de Poitiers.   Le Commandant flatté ſans doute de l'honneur que lui faiſoit l'armée de la Grande-Bretagne, reçut l'ennemi avec tout le feu de ſa petite artillerie.   La canonade des Anglois fut vive, leur attaque vigoureuſe, & leur ſuccès d'autant plus prompt que le petit Fort étoit preſque ſans fortifications, Auſſi la garniſon fut-elle obligé de ſe rendre

priſ

prisonniere de guerre au bout de trois quarts-
d'heure.

Cet exploit mémorable parut encourager les
Anglois, qui pendant les jours suivans envoye-
rent sonder tous les parages des environs. La
marée du 28 Septembre est, à l'embouchure de
la Charente, la plus haute que l'on y éprouve
dans toute l'année. Ce jour-là les Anglois ne
firent rien, & se préparerent à la journée du 30.
Alors ils parurent redoubler d'efforts; ils jette-
rent quelques bombes du côté du fort de Fou-
ras. Le peu de succès de cette tentative fut
vengée sur le petit fort de l'Isle d'Aix dont on
fit sauter les ouvrages. Le corps des Casernes
fut brûlé : au-delà du village étoit une petite
maison de campagne nommée *Beausejour*. Ce
nom rappella aux Conquerans celui du premier
des forts François qu'ils avoient bombardés en
Amérique; ils y mirent le feu, & se rembar-
querent ensuite : dès le lendemain matin la flotte appareilla. Elle repassa avec succès le Perthuis
d'Antioche, & l'après midi on la perdit de vûe.

Cette expédition a valu à l'Angleterre quelques canons pris sur l'ennemi, & au soldat tout
ce qu'il a pû piller. Je ne parle point du plaisir qu'il a eu d'abbattre le clocher du village,
de mettre en piéces le tableau du maître-autel,
de briser le tabernacle & quelques images; enfin de promener avec beaucoup de huées la

Croix

Croix & la Banniere & de les jetter ensuite dans la mer.   Il faut bien passer quelques amusemens aux troupes pour les délasser de leurs fatigues guerrieres.

L'on peut s'imaginer avec quelles acclamations cette flotte a été reçue en Angleterre: les gazettes qui ont paru depuis le débarquement des troupes, se sont hâtées d'annoncer en termes très-modestes de service que M. Hawke & M. Mordaunt ont rendu à la Grande Bretagne. Les lettres que j'ai reçues, contiennent quelques extraits de ces relations curieuses (*a*). Nous sommes sortis, dit l'une, pour voir & pour être vûs; & après avoir fait un tour dans le golphe de Gascogne, nous avons repris le chemin d'Angleterre.   L'Escadre, ajoute l'autre, est revenue le huit à St. Helene.   On assure que l'on a sonné en mort à Portsmouth lorsque les troupes sont débarquées.   Depuis ce tems-là les Bureaux de la guerre travaillent avec tout l'empressement à faire les routes des Regimens qui ont été emploiés dans cette belle expédition, afin qu'ils aillent au plutôt se reposer dans leurs quartiers.

(*a*) Ceci est traduit mot pour mot des gazetes Angloises du mois d'Octobre.

MEMOIRES

POUR SERVIR A
L'HISTOIRE
DE NOTRE TEMS,

II.

REFLEXIONS SUR LA CONDUITE DU MINISTERE ANGLOIS.

Aiſſons-là le ſarcaſme des gazetes Angloiſes, auſſi bien les beaux eſprits de ce païs-là raillent ſans rire : revenons à des gens qui raiſonnent & ne raillent point.

Que le Général Mordaunt eût fait une veritable deſcente ſur les côtes de France, qu'il y eût débarqué ſon armée, que celle-ci y eût laiſſé des traces de ſa marche, bombardé des places, enlevé des riches dépouilles, fait beaucoup de priſonniers; que l'on eût en un mot commencé par jetter la terreur & la déſolation dans une Province maritime de ce Royaume, & qu'enſuite accablés par le nombre ou repouſ-

ſes

fes par la valeur, les Anglois euffent été obligés de fe rembarquer : cet événement eût peu furpris, & l'entreprife quand même elle auroit échoué, auroit eu un but qui pouvoit flatter l'amour propre du Général, fatisfaire l'animofité de la Nation & peut-être même fervir fon intérêt. Mais que cette flotte dont l'appareil redoutable a fait pendant deux ou trois mois le fujet de tous les entretiens foit en France, foit en Angleterre ; que cette flotte dont la dépenfe forme au moins un très-gros article dans les comptes de l'Amirauté ; que cette flotte, dont M. Bofcawen a envié le commandement, ait pû faire beaucoup de mal à la France, & ne l'ait pas même tenté ; qu'elle ait paru redouter non les affauts, mais le rivage même ; qu'elle ne rapporte en Angleterre que la gloire d'avoir brûlé une maifon, pillé quelques habitans d'une isle presque abandonnée, & fait la petite guerre dans la facriftie d'une Paroiffe de village : voilà, de ces événemens que les étrangers auront peine à croire, & dont on ne peut trouver la caufe que dans cette divifion du miniftére Anglois, qui eft, après l'injuftice de la Nation, la principale caufe de fes malheurs.

Il n'eft point extraordinaire de voir les Miniftres d'un Souverain fe haïr & fe traverfer mutuellement. La faveur du Prince établit entre eux une rivalité fouvent funefte au fuccès des plus grandes affaires. L'émulation devient jaloufie,

loufie, & l'on fait que celle-ci eft toujours aveugle. Des idées de fortune particuliére ne man-
quant jamais de venir croifer celles du bien public, & l'intrigue du Courtifan fe cache fouvent fous les occupations de l'homme d'Etat.
Le Monarque élevé au-deffus de ces petites dif-
fenfions fait impofer filence à ces intérêts oppo-
fés. Ils font obligés de céder à celui de la Patrie qui fait l'unique objet de fes foins. Sous
un Roi citoyen l'intrigue ne peut avoir des fuccès bien longs ou bien dangereux; s'il ne peut
réconcilier les cœurs, il réunit au moins les
voix, & force les partis les plus contraires de
concourir au même but.

Mais malheur a l'état dans lequel les divifions inteftines du miniftére font fondées fur
l'incompatibilité des intérêts que l'on a voulu
réunir par une conftitution bizare. (*a*) *Dif-*
ficile eft, dit Ciceron à fon frere appellé au
Gouvernement d'une Province, *ea quæ com-*
modis, utilitate, & propè naturâ diverfa funt,
voluntate conjungere. Malheur furtout au
Royaume dans lequel le Prince ayant néceffairement un intérêt perfonnel différent de celui de
fa Nation, eft forcé de fe trouver dans fes Confeils à la tête d'une efpéce de ligue, & le premier adverfaire d'une partie de fes Miniftres. Le
refpect dû à l'autorité Souveraine, la faveur du
Monarque, fes bienfaits, le défir inné de lui

I 2

plaire,

(*a*) Ep. ad Quint. Fratr. Lib. I. Ep. I.

plaire, font autant d'entraves qui [...] le
zéle du Citoyen.   La voix de la [...]
d'être prise pour celle de la ra[...]
n'ose s'élever, ou elle s'éleve [...]
de centre de réunion, plus de [...]
les déliberations.   Le Prince n[...]
fon intérêt particulier, parce qu[...]
il ne peut facrifier celui de l'Et[...]
Roi, également inutile & à fo[...]
même, il voit avorter tous les [...]
vifion eft alors fans reméde, [...]
mutuelle des partis doit durer [...]
main hardie & bienfaifante ait [...]
du mal, en reformant la confti[...]
parent pour jamais des parties [...]
ge ne peut compofer qu'un tout [...]
    Voilà, quelle eft au jufte la fitu[...]
le de la Grande Bretagne: l'intérêt [...]
qui eft perfonnel à fon Roi, [...] toujours à
celui de la Nation, & celui de la [...]
concernant fans ceffe les mefures [...]
noyrè, il en réfultera que Sa M[...]
que ne pourra jamais fervir [...] ni fon
propre pays ni la République don[...]
    On peut comparer les Anglois [...]
pagnie de Marchands dont le [...]
fûreté dans une citadelle imprenable [...]
faut-il à cette fociété? L'[...]
la facilité des convois, le crédit [...]
parmi ceux avec lefquels le commer[...]
et correfpondance,

A la tête de cette compagnie se trouve un Directeur auquel elle a confié ses intérêts, & entre les mains de qui elle a remis ses richesses. Tant que ce Directeur n'a en vûe que le commerce de toute la société, tant que sa fortune particuliére est nécessairement liée avec l'opulence générale, il jouit de la considération & de la confiance que lui attirent ses services. Sa gloire est attachée au bien commun, & l'une & l'autre ne vont qu'en augmentant.

Donnons à ce Directeur un magazin qui ne soit qu'à lui & à sa famille. Qu'il ait des marchandises qui lui appartiennent en propre, des facteurs qui lui soient affidés; en un mot, qu'à l'ombre du commerce de la compagnie il forme & exécute des entreprises particuliéres; bientôt la société se défiera de ses soins: elle le regardera non comme son chef, mais comme son rival. Elle observera ses moindres démarches avec des yeux d'envie; le magazin du Directeur ne s'en trouvera pas mieux, & le commerce des associés en ira beaucoup plus mal.

C'est sous cette image, qu'un Anglois Patriote peint à son ami Hollandois le gouvernement présent de la Grande-Bretagne. Cette Puissance n'a par elle-même rien à demêler avec les Princes d'Allemagne. Mais l'Allemagne est la patrie du Roi d'Angleterre. Ses intérêts personnels se combinent nécessairement avec ceux des autres membres du Corps Germani-

mani-

manique, & soit qu'il se joigne [illegible] soit qu'il les abandonne, il a des [illegible] [in]penfables avec eux. L'ambition [illegible] de Hanovre n'est point celle du [illegible] [Grande]-Bretagne.   De-là des Traités [illegible] de Pruffe.   De-là des arrangemen[t] [illegible] l'exécution desquels on a la témér[ité] [illegible] fur les Anglois à qui ils font [illegible]

Il s'agit de remplir de parei[lles] [illegible] il s'agit de fuivre un plan [illegible] [mi]niftres Allemands, &c, qu'il [illegible] le dire, peut-être mauvais [illegible] Miniftere Anglois le croife & le [illegible] efforts des Nationaux & leurs voix [illegible] au moins un moment.   Les projets [illegible] les entreprifes échouent, le Roi de [illegible] croit qu'on l'a trompé, il jette feu & flamme[s], [il] n'épargne ni les reproches ufés [illegible] ni même ceux de *lâcheté* qu'il eft affez nouveau [d']entendre faire à un Monarque [illegible] autre Monarque.   Sa Majefté Britannique eft obligée de tout entendre.   Elle dévore [illegible] une [in]julte publique (*a*).

Mais ce Miniftere Anglois [illegible] déconcerter quelquefois fes proje[ts] [illegible] réuffira-t-il mieux dans l'exécut[ion] [illegible]

____

(*a*) Voilà reproches que Sa Maje[fté] fait au Roi d'Angleterre dans une lettre [illegible] imprimé[e] dans les Gazetes de Londre[s] [illegible] trouvent inférées dans le N.°. de ces Mémoire[s]

Je veux qu'il entraîne son Souverain. Je veux que dans les délibérations du Conseil, les intérêts de l'Angleterre prennent une fois le dessus. La Puissance exécutrice est entre les mains du Souverain. Il ne suffit pas de prendre des partis, il faut les suivre, il faut en assurer le succès par des démarches vigoureuses, par une conduite active & soutenue. Les Anglois ont-ils pû se persuader que leur Prince concourroit avec beaucoup de zèle au succès des résolutions prises contre son gré? S'il est obligé d'adopter un projet, sera t-il également forcé de le remplir? Non, sans doute, puisqu'il n'est point comptable des ordres qu'il donne. Ainsi la même division d'intérêts qui a nui dans les délibérations du Ministere, portera son influence maligne jusques sur la conduite des Généraux. Ce que le Conseil aura arrêté, les ordres du Prince le rendront inutile.

Après ces refléxions qui me paroissent assez judicieuses, l'Anglois dont je parcours ici la lettre, me fait un assez long étalage de tous les avantages que ses compatriotes avoient espéré de *cette expedition courte & vive*, annoncée par un Général qui n'a rempli que la moitié de sa promesse. Après quoi il continue ainsi; que l'on me permette de n'être en ce moment que son Traducteur.

„Placez-vous, me dit-il, placez-vous pour „un moment dans ce Conseil intime que notre „Souverain ne tient qu'avec lui-même, ou tout

„au

» au plus avec quelque Ministre à qui il [illegible]
» son ame toute entiere. Il me semble [illegible]
» siste moi-même à cette délibération & [illegible]
» tends S. M. s'exprimer en ces [illegible]
» [g]lois plus indomprables pour vos [illegible]
» [si]bles pour vos ennemis, vous [illegible]
» [a]ler le fer & le feu sur les côtes de [illegible]
» dre à cette nation une partie du [illegible]
» a fait, depuis qu'assez imprudemment [illegible]
» engagés à lui déclarer la guerre, [illegible]
» surpris de cette résolution. Vos [illegible]
» depuis longtems, & je conçois [illegible]
» vous [fe]roient de représailles terribles [illegible]
» tes. Mais suis-je obligé de vous [illegible]
» dépens ? Vous n'avez point porté [illegible]
» vues, & sur cette question, je [illegible] de
» votre jugement, quelque soin qu'il [illegible].
» Vous allez brûler ; j'en conviens [illegible]
» de côtes ; mais en attendant, les [illegible]
» maîtres de mon pays, & c'est sur quel[illegible] quel-
» que tems vous prenez, assez gaie[ment] [illegible] parti.
» Or si mon voisin a entre les mains [illegible] fort,
» ferais-je sagement de lui prendre sa [illegible]. [illegible]
» aurez réduit à la mendicité bien [illegible]
» vous aurez brûlé des cloches, a[illegible]
» cations, pillé des villages, fait [illegible]
» tenant que le Ministère de France [illegible]
» aux Intendans de ces côtes, de faire [illegible]
» exact des dégats que vous aurez [illegible]
» les Marchands, de recevoir leurs [illegible]
» [cal]culer à sols, livres, deniers ce qu'il [illegible]

„ter pour rétablir & châteaux & fortunes, & d'y
„ajouter même quelque chose par forme d'indem-
„nité pour l'interruption du commerce.   Que ces
„états bien & dûement certifiés & adressés aux Mi-
„nistres, soient renvoyés par eux aux Généraux
„qui sont actuellement les maîtres chez moi; taxe-
„ra-t-on ceux ci d'injustice, s'ils font rembourser
„par mes peuples au Roi Très-Chrétien & à ses
„sujets tout ce que vous leur aurez ou détruit ou
„enlevé? Ainsi vous aurez fait la guerre, & j'en
„aurai seul payé les frais. Vous aurez crû affoi-
„blir votre ennemi, & la perte n'aura porté que sur
„moi.   Anglois, si ce plan vous convient, je suis
„trop bon Prince pour l'adopter.

Je crois faire plaisir de rendre mot à mot cette délibération singuliere que mes amis mettent
dans la bouche de leur Roi. On en devine le ré-
sultat; le trouve-t'on si déraisonnable?

S'il est vrai, comme je l'ai ouï dire, que les
Généraux Anglois, avant que de quitter l'Isle
d'Aix, ont voulu réparer une partie du domma-
ge, & ont crû devoir donner quelques guinées
à ceux des habitans qui avoient été le plus mal-
traités: les conjectures dont je fais part,   n'en
deviennent-elles pas encore plus plausibles?

Joignons à cela l'apologie que le Ministere
Hanovrien d'Angleterre a crû devoir faire de sa
conduite, les équivoques & le peu de précision
qui regnent dans la lettre qu'il a fait publier
pour sa défense, & jugons après tous ces indices,
s'il n'eût pas été à souhaiter pour la gloire du

I 5

Roi

Roi & pour l'intérêt de la nation, que les vaisseaux ne fussent point partis de Ports-mouth, & que l'on eût épargné les fatigues & les frais d'une expédition peu conciliable avec l'intérêt de Hanovre.

Ici mes Anglois me veulent donner un nouvel exemple de l'embarras qui naît de cette double qualité de Roi d'Angleterre & des deux personnages qu'il est obligé de réunir. Ils le prennent dans le Mémoire du 16 Septembre dernier remis par M. Holderneſs a tous les Miniſtres étrangers pour leur faire les excuſes de S. M. Britannique ſur la Capitulation de Cloſter-ſeven. On ſçait que M. Mitchell, Miniſtre de Pruſſe, commença par s'en plaindre hautement. Voici comment on s'explique pour le ſatisfaire.

„ Le Roi s'étant fait rendre compte des re-
„ préſentations de M. Mitchell au ſujet des ouver-
„ tures faites par les Miniſtres Electoraux de Sa
„ Majeſté, concernant les échecs en Allemagne,
„ Sa Majeſté ordonne qu'on diſe en réponſe au
„ Miniſtre du Roi de Pruſſe, que ce n'a jamais
„ été l'intention de Sa Majeſté que les ſuſdites
„ ouvertures faites ſans la participation du Con-
„ ſeil Britannique, euſſent la moindre influence
„ ſur la conduite de Sa Majeſté, comme Roi.

Voilà qui va bien jusques-là, & les intérêts ſont clairement diſtingués. Ceux de Sa Majeſté, comme Electeur, ne doivent point influer ſur ceux de Sa Majeſté, comme Roi. Il ne s'agit

plus

plus que d'affigner à l'une & à l'autre qualité l'intérêt qui lui eft propre, & c'eft fur cela jufte-
ment que l'Auteur du Mémoire s'égare enfuite.
Car après ce beau début, il conclut que „ Sa
„ Majefté, comme Roi, voit du même œil que
„ par le paffé, les effets pernicieux de l'union des
„ Cours de Verfailles & de Vienne, qui menacent
„ de bouleverfement tout fyftême de liberté
„ publique, & l'indépendance de toutes les
„ Puiffances de l'Europe.

Il finit par affurer M. Mitchell que Sa Majefté
eft déterminé „ à *un concert fuivi* avec le Roi
„ de Pruffe; & que ce Prince peut s'affurer que
„ la Couronne Britannique continuera de
„ *remplir fcrupuleufement fes ENGAGEMENS*
„ *avec S. M. Pruffienne*, & à la *foutenir avec au-*
„ *tant de conftance que de vigueur.*

Il y a beaucoup d'apparence que les Mémoires
du Roi d'Angleterre ne fortent pas tous de la même main. Auroit-on oublié dans celui-ci, ce
que l'on avoit inféré dans le Manifefte du 23
Avril dernier (*a*)? Dans cet Ecrit, on affuroit
toute l'Europe, & le Corps Germanique en particulier, que les engagemens avec le Roi de
Pruffe avoient été contractés par S. M. Br. comme Electeur de Hanovre, & feulement pour
empêcher la France *d'attaquer fes Etats d'Alle-*
magne. Ici on prétend que ces conventions
lient

(*a*) Ce Manifefte fe trouvera à la Suite des Pieces
Juftificatives à la fin de ce Volume.

lient *la Couronne Britannique*, & que c'est à elle à les remplir.

Ainsi par un contraste singulier & de caracteres & de langage, lorsque les Anglois se plaignent du concert ruineux pour la Grande-Bretagne, qui regne entre les deux Souverains; celui d'Angleterre répond, j'ai mes Etats personnels auxquels je dois mes soins & ma protection, ce n'est que pour eux que j'ai stipulé avec le Roi de Prusse.

Si celui-ci se plaint qu'il est abandonné par l'Electorat de Hanovre, S. M. Britannique lui fait assurer que les engagemens que l'on a pris avec lui sont personnels à la nation Angloise, & qu'elle se fera un devoir sacré de les remplir. C'est au Roi de Prusse à examiner quel fonds il doit faire sur cette alliance équivoque. C'est aux Anglois à décider s'il leur est si utile de remplir la parole que l'on donne sans eux à M. Mitchell.

Quoi qu'il en soit, si j'en crois mes amis, on commence à Londres à s'appercevoir de la fausseté d'une politique apuyée sur cette duplicité d'intérêts. On a d'abord applaudi à des négociations qui avoient pour but d'affoiblir la France, en divisant ses forces; on a vû depuis, que l'on ne pouvoit partager les efforts de l'ennemi sans embrasser deux systême destructifs l'un de l'autre, & sans sacrifier alternativement Hanovre à l'Angleterre, & l'Angleterre à Hanovre. On re-

regrette tout ce qu'il en a coûté pour mettre le Roi de Prusse en état d'en imposer à l'Allemagne.

Mais si les Anglois peuvent revenir de leur erreur, leur Souverain ne peut changer d'intérêts, & sa position est toujours la même. En quelque qualité qu'il soit lié par une convention, les Traités subsistent. Le Prince avec qui ils ont été conclus ne paroît pas disposé à les résilier, ni à ménager l'Electeur de Hanovre, qui aura certainement moins de défenseurs que l'Electeur de Saxe.

Dans cette crise embarassante, l'Angleterre appercevra en vain les partis les plus utiles; en vain la Nation assemblée cherchera les moyens de rémédier aux abus particuliers, à s'assurer de l'emploi des sommes qu'elle fournit; à faire des reglemens nécessaires à la fidélité de l'administration; tant que la racine du mal subsistera, tant que l'intérêt du Prince sera différent de celui de ses sujets, ceux-ci seront toujours victimes nécessaires du vice de la constitution. Un Etat est exposé aux dangers les plus funestes, toutes les fois que le pouvoir législatif & la Puissance exécutrice ne peuvent concourir uniformément au même objet.

Pour prouver leur proposition, mes Anglois repassent sous leurs yeux, les tristes événemens de cette guerre. Depuis deux ans, quelle heureuse nouvelle a réveillé le courage des peuples en flattant l'amour propre national? Quel vaisseau est rentré dans le port sans leur annoncer quelque nouveau revers? Leurs pertes ne doivent être apréciées que suivant le rapport qu'elles peuvent

avoir

avoir avec le commerce. Or ils ont perdu celui des Lacs de l'Amérique ; celui de la Méditerranée est devenu pour eux plus difficile que jamais. Les dettes de l'Etat augmentent tous les ans. Le crédit diminue, la considération & la confiance s'anéantissent. Joignons à tout cela le mécontentement des peuples, la disette qu'ils souffrent, les intrigues des partis, la consternation des citoyens ; enfin ces tristes présages que le Duc de Cumberland n'a pas craint de faire envisager au Roi son Père (a). Tout ne semble-t-il pas annoncer à cette nation l'excès de tous les maux qui peuvent affliger un Corps politique ?

Que conclure de ces tristes vérités ? Qu'il est tems, que l'Angleterre songe sérieusement à la paix. Elle ne peut se dépouiller trop tôt de ces vains préjugés de gloire peu convenables à sa situation. Ce n'est que dans le repos qu'elle peut examiner avec fruit le vice intérieur qui nuit à tous les succès qu'elle s'étoit promis. Ce n'est pas au fort de la tempête que l'on peut radouber un vaisseau qui fait eau de tous côtés. Les chaînes qu'il faut aujourd'hui briser, ont été fabriquées dans des tems de trouble. C'est depuis deux ans que l'on a imaginé tant de nouveaux rapports, tant de petits intérêts qui ont gêné celui de la nation. Le désordre ne peut qu'augmenter tant que l'on aura des enne-

____

(a) S. A. R. en donnant la démission de ses emplois a déclaré qu'il ne reprendroit les fonctions de Capitaine Général des armées du Roi, que dans le cas où le Royaume seroit menacé de *Rebellion* ou d'invasion.

nemis puiffans à combatre, & des alliés dangereux à ménager.

Mes amis n'ignorent pas tout ce qu'il en doit
coûter à la fierté Angloife, fi elle eft obligée de re-
noncer à une partie des avantages que la France fut
forcée de céder en 1713. ,, Pourquoi, difent-ils,
,, avons nous eu l'imprudence de compromettre
,, des droits que nous ne dûmes alors qu'à l'excès
,, du malheur qui accabloit nos voifins? Notre
,, fortune étoit trop élevée ; pourquoi avons-nous
cherché à l'augmenter encore? Ils n'ofent en dire
davantage. On voit qu'ils fouhaitent fincerement
que la Nation termine, à quelque prix que ce foit,
cette guerre entreprife fous des aufpices finiftres ;
mais jufqu'où doit-elle porter fes facrifices? C'eft
furquoi ils craignent de s'expliquer.

Je n'entreprendrai point de porter mon examen plus loin qu'eux, & comme la guerre eft un
mal commun à tous les peuples, je fouhaiterois
qu'ils contribuaffent tous pour acheter la paix.
Ce que je fai, c'eft que les Anglois ne peuvent trop
fe hâter de faire ce marché néceffaire. Ils ne doivent pas fe flatter d'entretenir pendant plufieurs
années le feu de la difcorde qu'ils ont allumée dans
l'Allemagne. Qu'ils faffent la revûe de leurs forces ; qu'ils comptent les années qui leur font né-
ceffaires pour réparer leurs pertes ; qu'ils cherchent
à engager dans leur querelle d'autres Souverains
que le Roi de Pruffe. Si tout fe tait, fi les injuftices
de la Grande-Bretagne ont révolté tous les autres
Etat, attendra-t-elle pour demander la paix, que
l'Al-

l'Allemagne tranquille laiſſe aux François toute la liberté de redoubler leurs efforts? Sera-t-elle plus en état de traiter lorſque ſes colonies rui-nées ſeront devènues la proie des Sauvages, & la conquête de leurs protecteurs?

Je n'ajouterai qu'une ſeule refléxion que tous mes concitoyens devróient faire. Les Anglois nous forcerent en 1713 à conſentir à la paix, dès qu'ils eurent tout ce qu'ils pouvoient obte-nir. Nous étions en état de tenir la balance en-tr'eux & la France, ils ſçurent nous la faire tom-ber des mains. Nous nous étions trop livrés à eux. Ils nous enchaînerent. Nous avons été plus ſages dans cette guerre. L'Angleterre en eſt perſuadée, elle le ſent. Elle ne nous par-donnera point des ménagemens dictés par la ju-ſtice & la prudence. Pourquoi ne profiterions-nous pas aujourd'hui de l'état où elle s'eſt elle-même réduite? Pourquoi ne chercherions-nous point à recouvrer nôtre indépendance, & à nous mettre à l'abri du reſſentiment de ces voiſins ja-loux? Pourquoi laiſſerions-nous échapper l'oc-caſion de nous reſſaiſir de la balance? Je n'en dirai pas davantage. Mais ce moment que l'Angleterre ne doit point laiſſer échapper, ne ſeroit-il point auſſi le nôtre?

MEMOIRES

POUR SERVIR A
L'HISTOIRE
DE NOTRE TEMS,

12.

SUITE QU'A EU LA BATAILLE DE CHOTZEMITZ JUSQU'A LA PRISE DE SCHWEIDNITZ.

LE Roi de Pruſſe après avoir recouvré la plus grande partie de ce qu'il avoit perdu, laiſſe repoſer ſes troupes & ne s'occupe plus que du ſoin de les augmenter. Les Hanovriens paroiſſent revenus pour un tems de l'envie qu'on leur avoit inſpirée de ſe battre dans leur pays. Puiſſe cet intervalle de tranquillité & de ſilence ne laiſſer parvenir à l'oreille des Rois que les gémiſſemens des peuples épuiſés! Puiſſent la ſageſſe & l'humanité préſider aux conſeils des Puiſſances! Puiſſe cette pitié bienfaiſante qui doit habiter dans le cœur des héros, apprécier ſeule leurs exploits & leur

m

mon-

montrer du moins le but auquel ils doivent les conduire!

Quel est le Monarque qui repassant devant ses yeux le triste tableau des événemens que nous avons vû se succéder, ne souhaite de couper, s'il se peut, la chaîne qui lie aux malheurs passés les malheurs que nous pouvons craindre encore? Quel est le Ministre qui n'imagine un plan, qui ne combine des projets de pacification? Quel est le citoyen qui ne forme des vœux? Tous les hommes tiennent le même langage, les Cours même dont les intrigues ont provoqué la guerre paroissent désirer la paix. Quelle est la Puissance qui doit la donner à l'Europe?

Que vous êtes heureux, sages Républiquains, vous qui sourds aux suggestions funestes d'une Nation jalouse de votre repos, avez constamment rejetté les prétextes d'une rupture qui eût augmenté le trouble!

On vous exhortoit à violer les Traités pour empêcher, disoit-on, que d'autres Puissances ne s'en écartassent un jour. On vous faisoit craindre dans l'avenir des maux imaginaires, & l'on vouloit vous précipiter dans des maux présens & certains. Fidéles à vos principes, vous n'avez pas cru que des soupçons pussent jamais devenir le juste motif d'une guerre legitime. Vous jouissez en partie dès-aujourd'hui du fruit de votre modération. La paix favovorise votre commerce, & vos Vaisseaux chéris par les Puissances pacifiques, vogueroient en sureté dans l'un & l'autre hemisphére, si vos ennemis secrets ne troubloient souvent votre navigation. Toutes les Nations vous apportent leurs richesses, & viennent chercher dans vos villes celles de leurs voisins. Vos Ports sont fréquentés, vos magazins deviendront insensiblement l'entrepôt de l'Univers.

Jouissez long-tems de ces avantages; ne les dissimulez point à l'Angleterre; dites à cette Puissance: „ Tels sont les fruits de la Paix pour „ les Nations dont le Commerce fait la force: „ tels sont les biens dont vos Ministres vous „ ont privés: ainsi la société universelle des „ hommes semble se charger de recompenser „ elle-même les Peuples qui refusent de con- „ courir à sa ruine, tandis que l'ambition & „ l'avidité sont trompées par les efforts même „ qu'elles font pour envahir.

J'aime à comparer la tranquillité & l'abandance dont jouissent vos Négocians avec la misére des Etats que désole le fleau de la guerre; mais ce que j'aime encore mieux, la prospérité de votre Patrie ne vous rend point insensible aux malheurs des autres Peuples. On s'attendrit sur le sort de ces deux Négocians, qui prêts à faire banqueroute, déclarent que la gloire de leur Souverain est l'unique cause de leur infortune. Voilà l'effet & suite de ces exploits que les Hi-

stoftoriens raconteront avec tant d'emphafe ; ils ne parleront point des miféres des Peuples, & ils croiront célébrer la gloire des Souverains.

C'eft ce double tableau que je fuis engagé à continuer. On veut que je raffemble des faits que l'on n'a lûs que difperfés, & dont on n'a ni vérifié la certitude ni fuivi la liaifon.

Je m'en fouviens, c'eft à la Bataille de Chotzemitz & à la levée du Siége de Prague que j'ai laiffé l'hiftoire de la Guerre de Bohême. Les événemens qui ont fuivi cette époque, ont été racontés de tant de manières, que je trouve affez naturel l'empreffement de ceux qui fouhaitent de favoir à quoi s'en tenir, fur tant de relations contradictoires que la paffion a dictées, que la témérité a publiées, & que l'intérêt ou la flaterie ont fouvent adoptées fans examen.

Que nous importent cependant une foule de petits détails, qui n'ont de prix que pour la curiofité du moment, mais que la poftérité regardera comme très-indifférens à la gloire, à l'intérêt des Princes, à l'inftruction du genre humain? Je m'attache au gros des événemens, je cherche à en démêler les caufes: je voudrois en pénétrer les effets: plût à Dieu que l'expérience du tems préfent pût éclairer l'avenir? Voilà mon unique objet.

Chaque parti a fes Hiftoriens, mais la vérité n'a qu'une hiftoire. Juge févére, mais impartial, elle n'eft ni l'apologifte des paffions des
Rois,

Rois, ni l'adulatrice de leur gloire, ni l'ennemie de leurs talens. Sans enthousiasme elle
rend justice à leurs vertus, sans fiel elle blâme
leurs fautes, sans ostentation elle raconte leurs
exploits.

Si le Roi de Prusse ne veut acquerir que la
célébrité attachée aux qualités militaires; s'il se
contente de l'éclat qui suit les succès guerriers,
il doit souhaiter que son histoire apprenne à la
postérité la plus reculée qu'il balança seul les
forces de l'Empire & de ses Alliés; que prêt à
succomber sous le nombre des Puissances qu'al-
larmerent ses projets, il sçut, par une activité
incroyable & par les ressources du génie le plus
fécond, reparer presque dans un moment des
pertes qui eussent accablé un courage moins
ferme & moins tranquille. On lira avec éton-
nement le recit de ses marches, l'art de ses cam-
pemens, l'ordre de ses Batailles: on admirera
cette discipline inviolable qui fait la force de
ses troupes, cette subordination sévére qui ne
fait d'une armée nombreuse qu'un corps, dont
tous les mouvements dirigés par une impulsion
unique frappent en même-tems & au même
but. Dans la liste des Princes guerriers, peut-
être le mettra t-on un jour à côté de Cesar, &
fort au-dessus d'Alexandre.

Mais s'il aspire à une gloire plus pure, s'il ambi-
tionne un titre plus honorable que celui de destructeur des loix de sa Patrie, si dans un âge

m 3

plus

plus avancé il est aussi flaté du nom de Roi-Citoyen qu'il le fut dans sa jeunesse de celui de Roi-Philosophe; avec quelle douleur ne lira t-il pas un jour dans les annales de son siécle, qu'un Prince qui eût pû être l'appui de l'Allemagne consentit à en devenir le fleau; & que Fréderic né pour servir sa Patrie, chercha à s'élever sur ses ruines. Puisse cette refléxion, puissent ces regrets n'être point alors l'effet tardif de l'infortune & des revers! Puisse le Monarque dont je vais suivre les pas, travailler dès-à-présent à mériter par sa justice, des éloges qui jusqu'ici n'ont été donnés qu'à ses talens!

La Bataille de Chotzemitz coûtoit aux Prussiens près de dix mille hommes, leurs troupes partagées se retiroient dans le plus grand desordre. Il fallut tout le sang-froid & toute l'habileté des Généraux pour les rassembler en différens corps qui passerent l'Elbe, les uns à *Nimbourg*, les autres à *Podiebrad*.

Pendant que le Prince de Bevern recueilloit dans sa retraite les débris de l'armée qui avoit combattu, le Roi de Prusse couroit à Prague pour sauver celle qui avoit assiégé cette Capitale. La Bataille du 18 y étoit déja connue; le Maréchal Keith se retiroit poursuivi par le Prince Charles. L'Elbe que les Prussiens mirent entre eux & l'ennemi, arrêta celui-ci & favorisa leur retraite.

Pein-

Peindrai-je le spectacle qu'offroit alors la Capitale de la Bohême? Quiconque y fût entré dans ce moment n'eut pû retenir ses larmes, & ses infortunés habitans poussoient des cris de joye. Au milieu de leurs transports à peine jettoient-ils les yeux sur les ruines affreuses qui couvroient les cendres de leurs concitoyens. Les édifices publics renversés, cent trente-huit maisons réduites en cendre, 500 autres qui n'étoient plus qu'un amas informe de pierres & de poussiére, des Eglises ouvertes par les bombes & qui ne présentoient au peuple qui y accouroit en foule, que des débris d'autels & de tombeaux : tel étoit le funeste appareil au milieu duquel une multitude de malheureux Citoyens s'applaudissoit de son existence, & rendoit graces au Ciel de ce qu'elle n'avoit point été consumée par les flammes.

Cependant le Roi de Prusse fuit ; ses troupes suivies de près, soit par le Général Nadasti, soit par le Général Laudon sont obligées de se séparer en s'éloignant. Chaque journée est marquée par quelque nouvelle perte. Le Maréchal Keith arrive à *Welwarn* le 21 Juin, & passe l'Eger auprès de *Budin*. Le Roi de Prusse après avoir brûlé le pont de *Brandeiss*, marche de *Lissau* à *Benatheck*, repasse l'Iser à *Jung-Buntzl*, & partage son attention entre les troupes qui se rassemblent dans le voisinage de *Leitmeritz*, & celles que la Cavalerie légère des

Autrichiens forcé de se retirer du côté de la Lusace.

Pendant ce tems là le Prince Charles & le Maréchal de Daun réunissent leurs armées à *Kolodieg*, passent l'Elbe, marchent en bon ordre, envoyent des détachemens à la poursuite de l'ennemi, & le chassent successivement de ses postes. Ici l'importante place de *Gabel* est forcée : là le General Laudon fait des courses jusqu'à *Teschen* : on enleve des convois, on pille des bagages, on reçoit des déserteurs, on avance sur l'ennemi, que l'on force de s'éloigner.

Ainsi les Prussiens repoussés du centre où leurs forces s'étoient réunies, se trouverent vers le milieu du mois de Juillet former depuis la frontiere de la Silesie jusqu'à celles de la Saxe, à-peu-près le même arc qu'ils avoient formé au mois d'Avril. Tout ce qu'ils avoient fait depuis le commencement de la campagne étoit devenu inutile pour eux. Outre la perte qu'ils avoient essuyée dans la Bataille, la division nécessaire pour embrasser un grand espace les affoiblissoit encore. Les Généraux Autrichiens maîtres de l'intérieur du Royaume de Bohême, & secondés par l'affection des peuples, avoient de plus en leur faveur ces espérances que la victoire inspire au soldat, & qui forment nécessairement une partie de son courage.

S. M. Prussienne signaloit encore ses talens dans ces marches forcées, qui l'éloignoient d'un

pays

pays dont la conquête avoit fait l'objet de son ambition.   Quiconque le suivra depuis le moment qu'il fut revenu du premier trouble, il put mettre quelqu'ordre & quelque concert dans les différens mouvemens qu'il prescrivoit à ses troupes, s'appercevra qu'il couvroit autant qu'il étoit en lui & la Saxe & la Lusace & la Silésie, il se trouvoit en état de disputer ces trois Provinces, il ne perdoit point l'espérance de les conserver.

Vers le milieu du mois de Juillet, une armée Prussienne s'étendoit à la gauche de l'Elbe, depuis *Briouta* jusqu'à *Aussig*. Sur la rive droite de ce fleuve, depuis *Leitmeritz*, jusqu'à *Bomish-leipa*, une autre armée obéissoit au Prince de Bevern. D'autres corps, mais moins considérables, aux ordres du Prince de Prusse, étoient disposés sur les frontières de la Lusace & de la Silésie.

Dans cet état, le projet du Prince Charles & du Maréchal de Daun étoit ou de forcer l'ennemi à ramener toutes ses forces au secours de la Silésie, de dégager par ce moyen la Saxe, & d'ouvrir le passage à l'armée de l'Empire & aux François: ou si les Prussiens s'obstinoient à garder la Saxe, de leur couper du moins toute communication avec la Silésie.

Les principales forces des Autrichiens se portèrent donc sur la Lusace & sur les frontières de la Silésie. *Zittau* fut bien-tôt forcé de se rendre.

dre. L'opiniâtre reſiſtance des Pruſſiens couta à cette malheureuſe Ville la perte de la plûpart de ſes maiſons; la garniſon prête à l'abandonner, loin d'éteindre le feu que les bombes y allumoient, avoit la cruauté de s'oppoſer aux ſoins que ſe donnoient les habitans pour arrêter le progrès des flammes. *Görlitz* fut pris le 22 Juillet. Le Prince de Pruſſe trop foible pour arrêter l'ennemi fut obligé de ſe raprocher de la Saxe & vint camper *à Budiſſin*, où il fut joint par le Prince de Bevern.

Cependant les Autrichiens nétoyoient la campagne & faiſoient paſſer de nombreux détachemens en Siléſie. Le Baron de Jahnus maître de *Landshut* exigeoit des contributions, s'oppoſoit à la levée & au tranſport des recrues Pruſſiennes, ſe rendoit maître des paſſages & annonçoit aux Siléſiens que bientôt l'Impératrice ſeroit en état de ſe remettre en poſſeſſion de cet ancien patrimoine de ſa maiſon.

Au moyen de tous ces mouvemens, les Autrichiens s'ouvroient un intervalle entre la Siléſie & Baudiſſin. Le Prince de Pruſſe & le Prince de Bevern qui y étoient campés, ſe trouvoient expoſés au danger d'être enveloppés. Leur camp étoit avantageux; leurs poſtes bien défendus, mais ils pouvoient être tournés.

Le Roi de Pruſſe ſentit la néceſſité de ſecourir cette armée. Il s'occupe vers le milieu de Juillet des diſpoſitions qui pouvoient fermer aux
Au-

Autrichiens l'entrée de la Saxe.   Il diſtribue des troupes dans les poſtes les plus importans: le 21 il quitte ſon camp de *Leitmeritz* & marche à *Lowoſitz*; le 22 il vient camper à *Lynai*, où il laiſſe le Maréchal Keith avec vingt-mille hommes; il rentre en Saxe avec le reſte de ſon armée qui ſe trouve encore forte de 16 bataillons & de 32 eſcadrons.   On apprend que le 25 il eſt à *Pirna*:   on cherche à pénétrer ſes vues; mais pendant que l'on s'épuiſe en conjectures, ce Prince à la tête de ſes troupes a déja traverſé les montagnes qui ſéparent la Saxe d'avec la Luſace: après une marche forcée il paroît à *Buduſſin*:   le ſecours qu'il conduit met le Prince de Bevern en état de faire tête à l'ennemi.   Le Maréchal Keith de ſon côté, aprés avoir occupé ſucceſſivement les différens camps abandonnés par l'armée du Roi, ſe rapproche inſenſiblement de la Luſace, eſſuie dans ſa marche quelques échecs, mais conſerve du moins la communication que le Général Laudon s'efforçoit de lui couper.   C'étoit beaucoup pour Sa Majeſté Pruſſienne de ſe trouver toujours à portée de réunir ſes troupes, & de refroidir l'ardeur de l'ennemi, en lui diſputant lentement le terrein.

La réunion des deux armées à *Budiſſin* obligea les détachemens Autrichiens qui avoient taché de gagner les derrieres du camp Pruſſien, à ſe replier ſur les poſtes de leur droite.   L'Armée de l'Impératrice Reine ſe trouva dès-lors dans l'iml'impossibilité de pénétrer plus avant sans livrer une bataille que l'avantage des postes occupés par son ennemi, eût rendu très-dangereuse.

Les deux Camps s'observerent pendant quelques jours ; peut-être les Prussiens attendoient-ils l'arrivée du Maréchal Keith, qui laissant au Prince Maurice d'Anhalt le soin de couvrir les magazins de *Pirna* & de *Pilniz*, ne paroissoit plus occupé que du soin de joindre l'armée Royale. Pour les Généraux Autrichiens, sûrs de tenir au moins leur ennemi en échec, ils ne perdoient point de vûe la Silésie où ils faisoient passer chaque jour de nouveaux détachemens.

La Cour de Vienne se flattoit pour-lors de forcer dans une seule campagne le Roi de Prusse à demander la paix, & il ne paroissoit pas vraisemblable que ce Prince pût défendre en même-tems & la Saxe contre les efforts de l'Empire, & la Silésie contre toutes les troupes de la maison d'Autriche.

Le 1. Août il quitte *Budissin*, & se porte avec 25000 hommes à *Weissemberg*, où il est joint par un nouveau corps de troupes & par un train d'artillerie. Ce mouvement fait changer de position aux troupes légeres de l'Impératrice. Le Prince de Bevern décampe à son tour, ne laisse à *Budissin* que 5000 hommes & 15 piéces de campagne, & vient joindre le Roi à *Weissemberg*. Le Maréchal Keith, dont tous les mouvemens étoient concertés avec ce Prince, arrive à *Budiſſin* le 13 & joint le 15 la grande armée, qui beaucoup plus forte qu'elle ne l'avoit encore été, vient camper à *Bornſtad*, & ſe porte le 16 aux environs de *Hirſchfeld*, à portée de paſſer la riviere de Neiſs.

Les Généraux Autrichiens avoient ſuivi l'armée Pruſſienne, & ſi bien combiné toutes leurs marches, que le même jour 16 Août les deux camps n'étoient ſeparés que par le village de *Witgendorff*, dont un détachement Autrichien s'empara.   On ſe canona vivement toute la nuit, & l'Allemagne crut que ce moment alloit décider la querelle.   Mais les Pruſſiens repouſſés vigoureuſement à l'attaque du village, n'oſerent pas engager l'action plus avant.   Nous n'avons eu que trop de batailles dans cette malheureuſe guerre, & peu nous importe de décider laquelle des deux armées évita le combat. Je croirois volontiers, que l'intention du Prince Charles étoit de tenir le Roi de Pruſſe occupé juſqu'à ce que l'armée de l'Empire eût pénétré en Saxe.   Ce qu'il y a de ſûr, c'eſt que la plus grande partie du mois d'Août ſe paſſa à ſe meſurer des yeux; les armées furent quelquetems en préſence; & le Roi de Pruſſe repartit, comme nous l'allons voir, ſans avoir tiré d'autre avantage de la marche qu'il avoit fait faire à ſes troupes, que celui de les raprocher de la Siléſie, & de les placer ſur les bords de la Neiſs.

Je

Je me contente de parcourir les principales opérations de cette Campagne, & je ne rends point compte d'une foule de petites actions dans lesquelles la Cavalerie Autrichienne avoit presque toujours l'avantage. Des convois enlevés, de petits postes attaqués, emportés & repris, méritent peu d'entrer dans une histoire que je n'ai destinée qu'à faire appercevoir les causes des révolutions qui ont suspendu nos espérances.

Je n'oublierai pas cependant les succès par lesquels le Baron de Jahnus s'ouvroit une route en Silésie, & préparoit la conquête de cette Province. L'avantage qu'il remporta le 15 Août auprès de *Landshut* sur un corps de 8000 Prussiens, couta à ceux-ci environ 3000 hommes, & répandit la terreur jusqu'à Breslau.

Pendant ce tems-là l'armée de l'Empire & les troupes Françoises approchoient des frontieres de la Saxe, qui attendoit ses libérateurs avec une impatience mélée de crainte. L'Armée des Cercles commandée par M. le Prince de Saxe Hilburghausen, s'étoit assemblée entre *Furth* & *Farrembach*. M. le Prince de Soubise avoit ordre d'obéir au Général de l'Empire, & après avoir réuni dans la Thuringe les différentes divisions dont le commandement lui étoit confié, il s'étoit avancé jusqu'à *Gotha*.

Alors,

Alors, soit que Sa Majesté Prussienne fût flattée de l'idée de combattre contre une Armée Françoise, soit que, dans les circonstances où elle se trouvoit, elle regardât la conservation de l'Etat qu'elle avoit injustement usurpé, comme préférable à la défense de son propre pays, elle remet au Maréchal Keith le commandement de son armée de Lusace: elle en tire seize bataillons & 40 escadrons, & repasse rapidement dans l'Electorat que l'Empire & la France vouloient restituer à son legitime Souverain.

Le 29 Août ce Monarque arrive à Dresde avec le Prince Henry. On expédie des ordres pour de nouvelles contributions. La consternation redouble; l'espérance est encore incertaine, & le joug trop certain s'appesantit.

L'Armée Prussienne demeurée en Lusace ne se trouva plus assez forte pour arrêter les efforts des Autrichiens: affoiblie par le départ du Roi, elle se retira à *Schönau*, & de-là jusqu'à *Görlitz*. Le camp qu'elle prit auprès de cette Ville, étoit défendu par la montagne de *Lands-Cromberg*, sur laquelle étoit placée une artillerie nombreuse. Leur droite étoit couverte par *Landscrons gisnitz*, & leur gauche par le village de *Folge*: les troupes légeres Autrichiennes prirent de nouveaux postes pour inquiéter l'ennemi, & le 2 Septembre toute l'armée du Prince Charles étoit campée entre *Bernstädel* & *Leban*. Ce Général & le Maréchal de Daun s'oc-

s'occupèrent alors à former par le moyen de
différens postes une chaîne qui par s'étendre le
la rive droite de la Neiss jusqu'à ....
la gauche de cette rivière jusqu'à D...... Dès
que ces dispositions furent faites, l'armée
s'avança jusqu'à *Sebottan*.

Ainsi les Prussiens resserrés de plus en plus
n'avoient presque d'autre parti à prendre que de
de passer en Silésie, & de se joindre aux troupes
destinées à la défense du Pays. L'armée Autrichienne les forçoit peu-à-peu d'évacuer la
Lusace, en même tems que d'un autre côté une
Armée nombreuse sous les ordres du Général
de l'Empire marchoit pour les obliger à sortir de la Saxe.

MEMOIRES

POUR SERVIR 'A

L'HISTOIRE

DE NOTRE TEMS,

SUITE QU'A EÛ LA BATAILLE DE CHOTZEMITZ JUSQU'A LA PRISE DE SCHWEIDNITZ.

DE l'autre côté de la Neiß, & fur une montagne d'un très-difficile accès, étoient retranchés 18 à 20000 Pruſſiens commandés par le Général Winterfeldt. Ce corps de troupes détaché de l'armée du Prince de Bevern pouvoit avoir une double deſtination, l'une de faciliter le paſſage du reſte des troupes en Siléſie, l'autre de couvrir *Schweidnitz*, & la partie de cette Province qui s'étend depuis cette Ville juſqu'à l'Oder.

Le Prince Charles envoya ordre au Comte de Nadaſti & au Duc d'Aremberg d'attaquer ce Corps malgré l'avantage du lieu qu'il occupoit ; une redoute défendoit les Pruſſiens, le Comte de Montazet s'y jette l'épée à la main, & eſt ſuivi de tous les Grenadiers. La redoute est emportée dans un moment. Les Prussiens se défendent avec vigueur du haut de la montagne. Cette Campagne a été fatale aux Généraux. Le brave Winterfeld est tué d'un coup de canon, ses troupes découragées se dispersent, l'ennemi les suit, leur tue environ 1500 hommes & se rend maître de quatre canons & de sept drapeaux, tandis que de l'autre côté de la Neiss le Général Haddick s'empare de *Budissin*, & fait la garnison prisonnière de guerre.

La prise de cette place mit les Autrichiens en état d'étendre leurs postes sur la rive droite de l'Elster & de couper au Prince de Bevern toute communication avec la Saxe. Les postes que ce Général avoit sur la Neiss vers *Guben* & vers *Prybus*, lui laissoient libre celle avec le Brandebourg. Le Bober dont il étoit maître par les postes de *Bruntzlau* & de *Sagan* pouvoit lui apporter de la Silésie toutes les munitions dont il pouvoit avoir besoin.

Les Autrichiens cherchoient sur-tout à lui ôter cette derniere ressource, & la défaite du Général Winterfeldt pouvoit leur faciliter l'exécution de ce projet. Le Prince de Bevern sentit combien il lui étoit important de ne se point laisser fermer la porte de la Silésie. Sa retraite de *Görlitz* dans cette Province fit honneur à sa prudence & signale ses talens. Il décampa le 10 Septembre; son armée perpétuellement cotoyée

par

par le Général Beck, & harzelée par les troupes légeres, marcha en bon ordre, & ne fut point entamée. Elle paſſa tranquillement la Queiſs à *Sygendorff*: un corps conſidérable d'Infanterie & de Cavalerie que l'on avoit eu ſoin de ranger en bataille devant la riviere, protégea ce paſſage important, tandis que tous les equipages munis d'une bonne eſcorte, après avoir défilé du côté de *Rottembourg*, traverſoient les bois qui ſont de ce côté là, entre la Neiſs & la Queiſſ, & venoient paſſer cette derniere rivière à *Thomdorff*. Le 12 l'Armée Pruſſienne rompit ſes ponts, ſe replia dans la Siléſie, & vint camper à *Buntzlau* ſur le Bober. Le 13 le Général Nadaſti entra lui-même dans ce Duché par *Lauban*. Les réſerves du Duc d'Aremberg & du Comte de Collowrath le ſuivirent: & lé 15 le Prince Char- les ayant fait paſſer la Queiſſ au reſte de l'armée, toutes les troupes de l'Impératrice Reine ſe trouverent raſſemblécs en Siléſie, à l'exception d'environ vingt mille hommes de troupes re- glées, qui ſous les ordres du Lieutenant Feld- Maréchal Comte de Haddick & du Major Gé- néral Mitrowski, occupoient en Saxe la droite de l'Elbe dans le voiſinage de Dreſde.

C'eſt ici le moment de parler des précautions que l'Impératrice avoit cru devoir prendre pour que la Siléſie, qui va déſormais être le théâtre de la guerre, pût s'appercevoir qu'elle n'étoit point la proie d'un Conquerant ; mais qu'elle

 ren-

rentroit fous la domination de fes anciens Souverains. Il eft affreux d'envahir le bien d'autrui;
mais il eft heureux pour un Monarque de recouvrer le droit de combler de biens des Peuples autrefois foumis à fa domination. Ce fentiment paternel, cette affection, le plus fûr lien
qui puiffe unir les Princes à leurs fujets, éclate
dans les inftructions que la Cour de Vienne avoit
envoyées dès le mois de Juillet aux Généraux
deftinés à recouvrer la Siléfie.

„ L'Impératrice Reine y déclare qu'elle veut
„ que l'humanité dirige tout ce qui fe fait en fon
„ augufte nom: Que par tout où fes troupes s'a-
„ vanceront, l'ordre foit inviolablement obfer-
„ vé: Que les habitans fans diftinction d'état &
„ de religion, y foient traités avec tous les mé-
„ nagemens & toute la douceur poffible: Que
„ les charges de la guerre leur foient rendues
„ auffi peu onéreufes que les circonftances peu-
„ vent le permettre, & qu'ils aient lieu de re-
„ connoître par la maniere dont ils feront traités,
„ que l'Impératrice fe fouvient toujours qu'ils
„ ont été fes Sujets, & qu'elle a été leur Souve-
„ raine: Que ce fentiment reveille dans fon cœur
„ l'ancienne affection qu'elle a eue pour eux; &
„ qu'en cette confidération elle veut qu'ils ref-
„ fentent encore les effets de cette même affec-
„ tion dans la conduite que fes troupes tiendront
„ avec eux pendant la guerre.

Tels

Tels font les fentimens qui doivent animer tous les Princes. Il eft inutile même d'examiner s'ils rentrent dans le domaine de leurs ancêtres, ou s'ils fe vengent d'une puiffance injufte & malfaifante. Ils ne doivent punir que l'injuftice, ils n'ont à vaincre que la réfiftance. Quiconque eft foumis à leurs loix, a droit à leurs bienfaits; quiconque eft abbattu fous leurs pieds, peut réclamer leur clémence.

Je fais, que la vengeance des Rois eft terrible, lors même qu'elle eft jufte: je fais que leur droit eft rigoureux, & que l'exercice en eft quelquefois néceffaire. L'abondance & la fureté, fruits naturels du gouvernement des loix, font néceffairement bannis d'un pays foumis par la force, lors même que celle-ci eft le plus légitimement employée.

Ces malheurs inféparables de la guerre font prefque toujours exagerés par les vaincus. La plainte qui veut exciter la pitié ou la haine groffit elle-même les objets qu'elle leur préfente. De-là tant de reproches que fe font mutuellement les Nations qui font en guerre. Chacun attribue fes maux à l'ennemi qui le pourfuit: conclurons-nous de ces clameurs que toutes les Puiffances ont tort, parce qu'il n'y en a aucune qui dans ces tems de troubles & de divifions, ne foit obligée de faire & ne faffe réellement des malheureux?

n 3

Au

Au milieu de ces plaintes, faisons nous une regle certaine qui puisse fixer le jugement que nous portons malgré nous sur les Souverains: leur pouvoir ne peut s'exercer que par les loix qu'ils publient & par les ordres qu'ils donnent; mais ils ne disposent point des volontés de leurs sujets. Ils peuvent faire d'excellens reglemens; mais il n'appartient qu'à l'Etre suprême de faire des ames droites & désintéressées, des cœurs justes & bienfaisans. L'avarice & l'injustice peuvent se dérober & ne se dérobent que trop aux regards des Rois; ils ne sont coupables que de celles qu'ils ordonnent, qu'ils autorisent, qu'ils avouent.

Il y a, dans tous les pays, de ces ames viles qui regardent la guerre du même œil dont un Négociant avide regarde sa banque ou son commerce. Malheur à ces funestes instrumens de la colere du Dieu des armées, qui semblables à des insectes malfaisants, dévorent la terre qu'ils parcourent; & qui au lieu de faire craindre & respecter le pouvoir dont ils sont les ministres, n'inspirent que la haine & le mépris pour leur propre avarice.

Si dans les Armées des Princes les plus justes, il se trouvoit quelquefois de ces hommes capables de préférer un sordide intérêt à la gloire de leur Patrie, doit-on s'en prendre à leurs Souverains? doit-on regarder comme injuste toute Puissance qui aura quelques sujets avares & mé-
pri-

priſables? Non, lorſque l'on voit que leur inju-
ſtice même eſt obligée de ſe cacher, lorſqu'elle
tremble d'être découverte, lorſque par ſes remords & ſes inquiétudes, elle s'accuſe elle même, & rend témoignage à à la droiture du
Prince qui la condamne, & qui la puniroit ſi
elle lui étoit nommément déférée.

Joignons à cette premiére refléxion une ob-
ſervation qui n'eſt pas moins importante. Met-
tons, une grande différence entre un pays ennemi, & celui dont le Souverain ne prend aucune part ni aucun intérêt à la guerre. Entre les
ennemis même, diſtinguez celui qui ne l'eſt
que comme allié & auxiliaire, & celui qui par
une odieuſe infraction des Traités s'eſt ſoumis à
toute la rigueur de la vengeance militaire. Chez
un peuple neutre & pacifique les contributions
ſont injuſtes: on ne peut exiger que la liberté &
la ſureté des paſſages. Il eſt permis d'affoiblir les
alliés de nos ennemis; les contributions peuvent
être exigées chez eux. Si la ruine d'un pays eſt
quelquefois autoriſée par la ſévérité des loix de la
guerre, ce n'eſt que comme une punition mé-
ritée par le crime des peuples, ou par la mauvaiſe foi du Souverain.

Si donc il s'étoit commis en Saxe ou en Luſace quelques excès dont les Autrichiens ſe fuſſent
rendus coupables, pourrroit-on avec juſtice
les imputer à la Cour de Vienne? Les or-
donnances ſévéres publiées par ſes Géné-

raux (*a*) ne suffiroient-elles pas pour prouver la droiture des intentions de l'Impératrice?

L'année passée on imputa aux Russes des vexations & des rapines. Cette faute qui ne peut être attribuée qu'au peu de fermeté du Général Apraxin, n'est-elle pas une de celles dont ce Général est aujourd'hui obligé de se justifier devant sa Souveraine? & l'exacte discipline que le Général Fermor fait observer dans son armée, n'est-elle pas la preuve & l'éloge des principes dont ses troupes paroissoient d'abord s'être écartées?

Les Ecrivains Prussiens ont triomphé des plaintes vagues qui ont exageré quelques exemples de sévérité attribués aux Généraux François. Que ce reproche leur sied peu! Soyons justes, mettrons-nous jamais en comparaison les excessives livraisons, les contributions énormes, les violences inouies qui ont écrasé la Saxe, pays neutre & dont le Souverain vouloit garder la plus exacte impartialité, avec la punition de quelques Villes ennemies qui auroient elles-mêmes violé le serment de leurs Magistrats, & abusé contre leurs vainqueurs de la clémence avec laquelle ils les avoient traitées? Quelque bruit que l'on fasse de ce qu'a souffert Halberstadt, opposons-lui la douceur dont les François ont usé avec une ville, Capitale d'un Duché appartenant à leur ennemi. N'ont-ils pas respecté la sauve-garde des loix de l'Empire, jusques

ques

(*a*) V. l'Ordonnance du **Prince Charles** dattés de Schönau du 5 Août 1757.

ques dans les possessions d'une Puissance qui a tout fait pour les enfreindre?

N'écoutons donc point des clameurs qui ne prouvent que les préventions des partis, ou tout au plus quelques injustices particulieres, malheurs inévitables dans des tems de discorde.   Lorsqu'une Puissance ne se rend redoutable qu'aux peuples avec lesquels elle a un juste sujet de guerre; lorsque dans les pays dont il lui est permis de s'emparer, elle ne leve que des contributions proportionnées aux facultés des habitans; lorsqu'elle y maintient les loix & la religion; lorsqu'elle cherche, autant que la guerre le peut permettre, à y entretenir le commerce: les rapines sourdes & inconnues sont autant de fautes qui ne restent impunies, qu'autant que leurs auteurs savent en dérober les preuves & en effacer même les vestiges.

Quels sont donc les Souverains sur lesquels peut tomber le reproche d'injustice & de vexation? Ce sont ceux qui eux-mêmes regardent la guerre comme une ressource pour amasser des trésors. Ce sont ceux qui épuisent indifferemment & le pays de leur ennemi & les Etats des Princes avec lesquels ils n'ont ni guerre, ni prétexte de rupture. Ce sont ceux qui se sont fait un art du pillage, & ont inventé une méthode pour dévorer la substance d'un païs qu'ils ne se flatent point de conserver. Dans les armées d'un Prince équitable & modéré, le peu de discipline peut produire quelques désordres. Le soldat s'écarte, vole,

& est puni. Un Officier abuse de son pouvoir; on examine sa conduite & on lui fait son procès. Le Prince ne leve que des contributions: ce tribut imposé au peuple conquis, est juste s'il est proportionné à ses forces. Là, toute vexation est désordre, parce qu'elle n'est ni prévue ni commandée. Chez une Nation au contraire qui fait de la guerre un moyen de s'enrichir, le gouvernement est lui-même ce soldat qui pille & cet officier qui malverse. La vexation est dans l'ordre établi par le Prince, & n'en est que plus criante. Le malheur des peuples est sans reméde: leurs cris sont entendus & méprisés, & comme on ne demande justice au Souverain que contre lui-même, on est sûr de ne la point obtenir. S'il empêche le pillage du soldat, c'est parce que les vols de celui-ci diminuent un fonds que le Prince regarde comme sa propre proie.

Je m'apperçois, que cette digression devient trop longue: mais telle a été notre convention. Rien de ce qui peut en passant éclairer notre jugement & fixer nos idées ne me paroît étranger, & je ne rappelle des faits connus, qu'à condition qu'ils pourront nous servir de texte pour toutes les refléxions justes & utiles. Les instructions données par l'Impératrice à ses Généraux ont amené celles-ci. Je reviens à notre histoire.

Des Lettres Patentes dattées de Vienne réitérerent les assurances de protection & de bonté que cette Princesse avoit déja données à la Silésie,

&

& les succès de ses armes dans cette Province repondirent d'abord à ses espérances.

Lignitz est situé entre *Schweidnitz* & *Breslau* & à peu près à égale distance de l'un & de l'autre : cette position fit sentir aux Autrichiens l'avantage qu'ils trouveroient à s'en emparer, & aux Prussiens la nécessité où ils étoient de le défendre. Le Prince de Bevern dirigea la marche de ses troupes sur le projet qu'il avoit formé de couvrir cette Place. Après plusieurs marches, il vint occuper les environs de *Wohlstad*, camp fameux par une sanglante bataille qui y fut donnée au milieu du 13. siécle. Le Prince Charles campé a *Jamer* obligea bientôt les Prussiens de reculer : après avoir successivement perdu plusieurs postes, ceuxci furent obligés le 26 Septembre d'abandonner *Lignitz*, & tous les magasins qui y étoient. Perpétuellement harcelés dans leur retraite, ils remontent l'Oder & hâtent leur marche vers *Breslau*. Le Prince Charles les suit, tandis que dans la Principauté de *Schweidnitz* le Général Nadasti joint par les troupes que commandoit le Baron de Jahnus, se dispose à faire le siége de cette Place importante,

Dans les premiers jours d'Octobre le Prince de Bevern chassé de presque tous les postes que son armée avoit occupés, se trouvoit resserré sous *Breslau* entre l'Oder & la petite riviére de Law. L'armée Autrichienne étoit à peine à une demi-lieue de lui, & n'étoit séparée des Prussiens que par cette derniere riviére. Ceuxci travailloient de toutes leurs forces à fortifier la Capitale : on élevoit des redoutes, on formoit de nouveaux retranchemens. Le Prince Charles se rendit maître de la gauche de l'Oder, & ôta à la Ville toute la communication qu'elle pouvoit avoir de ce côté-là.

Pendant que tout se passoit en escarmouches sous les murs de Braslau ; d'un côté le Général Haddick avec un corps de troupes légeres, alloit jusques dans le cœur des Etats du Roi de Prusse mettre sa Capitale à contribution,

tion, & le Comte de Nadasti formoit le siége de *Schweid-nitz*. Après la résistance la plus vive, cette Place fut pri-se le 12 Nov. la garnison composée de de 4700 hommes fut faite prisonniere de guerre; une nombreuse artil-lerie & un million d'écus d'Allemagne tomberent au pouvoir des Autrichiens, & le brave Nadasti fit partir sur le champ ses troupes pour aller fortifier l'armée qui étoit alors sous les murs de Breslau.

Je m'arrête à cette époque, époque mémorable, évé-nement important qui annonçoit à la Cour de Vienne de nouveaux succès & à toute l'Allemagne la fin d'u-ne guerre qui la désole.

Ces apparences ont été trompées: quelques jours avant la prise de *Schweidnitz*, un combat engagé avec trop d'ardeur, avoit ranimé l'espérance des ennemis de la Saxe, & prolongé ses malheurs. Le Roi de Prus-se jouit de l'honneur d'avoir vaincu les deffenseurs de la liberté Germanique. Funeste honneur s'il ne sait profiter de cet avantage qu'en se procurant plus de res-sources pour envahir & pour opprimer. Ce succés pas-sager anéantira-t-il les obligations sacrées, & de l'Em-pire, & des garants de sa liberté? Sa Majesté Prussien-ne renouvellera-t'elle tous les ans ce terrible effort d'un seul contre tous? Ses Provinces sont-elles donc ce champ de Cadmus qui produisoit des soldats tout armés? S'il faut un jour rendre aux loix de l'Alle-magne toute leur vigueur, si le parti le plus juste doit être enfin le plus fort, pourquoi ce Prince qui sait saisir les occasions de vaincre, ne sait-il pas dis-cerner les momens où il est honorable de céder? Je m'arrête sur ces refléxions; je parlerai incessamment de cette bataille dont l'Allemagne a gémi, & des évé-nemens qui l'ont suivie.

9 782013 680462